Üben ❷  Fahre die gestrichelten Linien nach.

Lösung ❷ Für jedes fertige Bild gibt es 1 Punkt.

Üben ❶ 👁 ✍️ Welche Buchstaben stecken in deinem Namen? Kreise sie ein und schreibe deinen Namen unten auf.

A B R Y

X D Z

H K G E V

O C

L F I N

P W Q T

J S M U

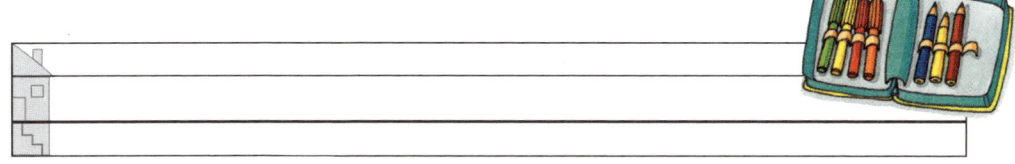

Von A bis Z
Dein Name

Lösung ❶ Für deinen richtig geschriebenen Namen
gibt es 1 Punkt.

A B R Y
X D Z
G E V
H K C
O N
L F I
P W T
Q M
J S U

Hier steht dein Name.

Üben ❶ ☐ **Punkt**

  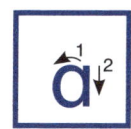

Üben ❸  Fahre A und a nach und schreibe A und a.

Apfel

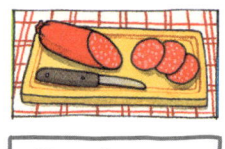

Salami

Ameise

Ampel

Banane

Ananas

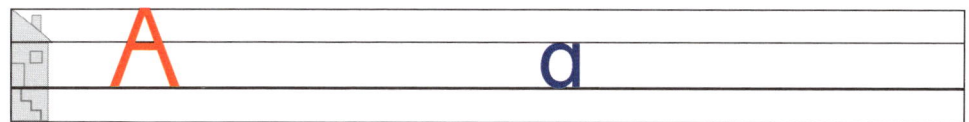

A   a

Die Buchstaben A/a, B/b, C/c
A/a üben

Lösung ③ Für jedes richtige Wort gibt es 1 Punkt.

Apfel

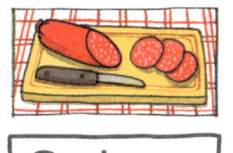

Salami

Ameise

Ampel

Banane

Ananas

TIPP

Schau dir die Anlauthäuser am Ende dieses Blockes an. Dort findest du alle Buchstaben.

Üben ④ 👁 ✏️ Ergänze die Leiter. Verbinde die Punkte. Finde den Weg zum Schatz.

Lösung ❹ Für das fertige Bild gibt es 1 Punkt.

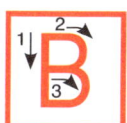  

Üben ⑤ Fahre B und b nach und schreibe B und b.

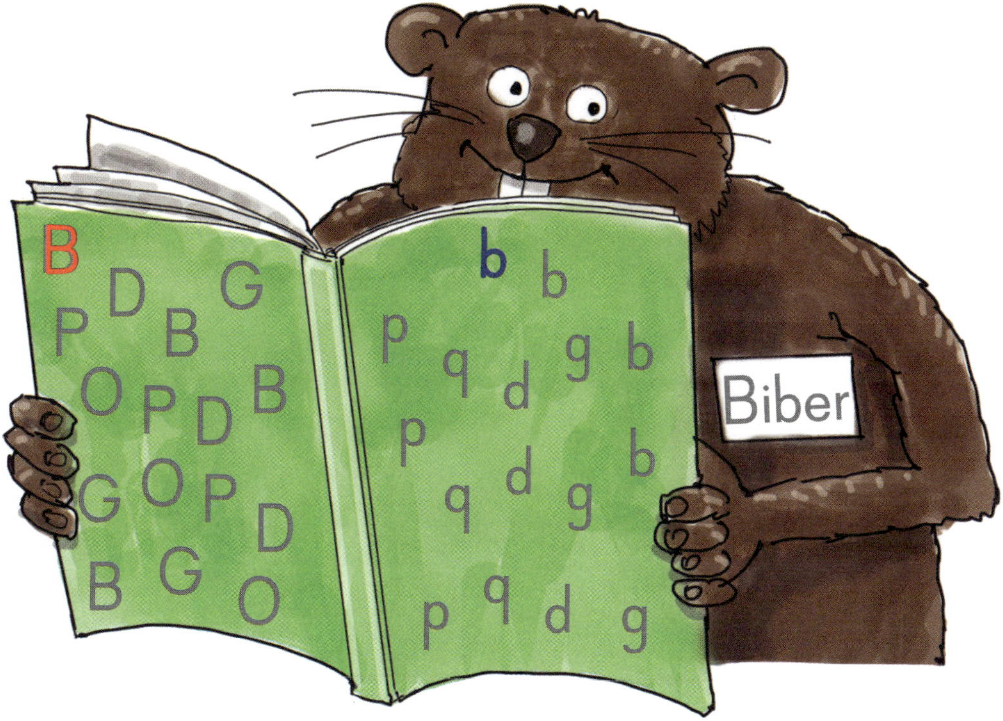

B

D G
P B
O P D B
G O P
B G O D

b b

p q d g b
p q d g b
p q d g

Biber

B b

Lösung ⑤ Bei allen richtig nachgefahrenen B gibt es
1 Punkt. Bei allen richtig nachgefahrenen b gibt es
ebenfalls 1 Punkt.

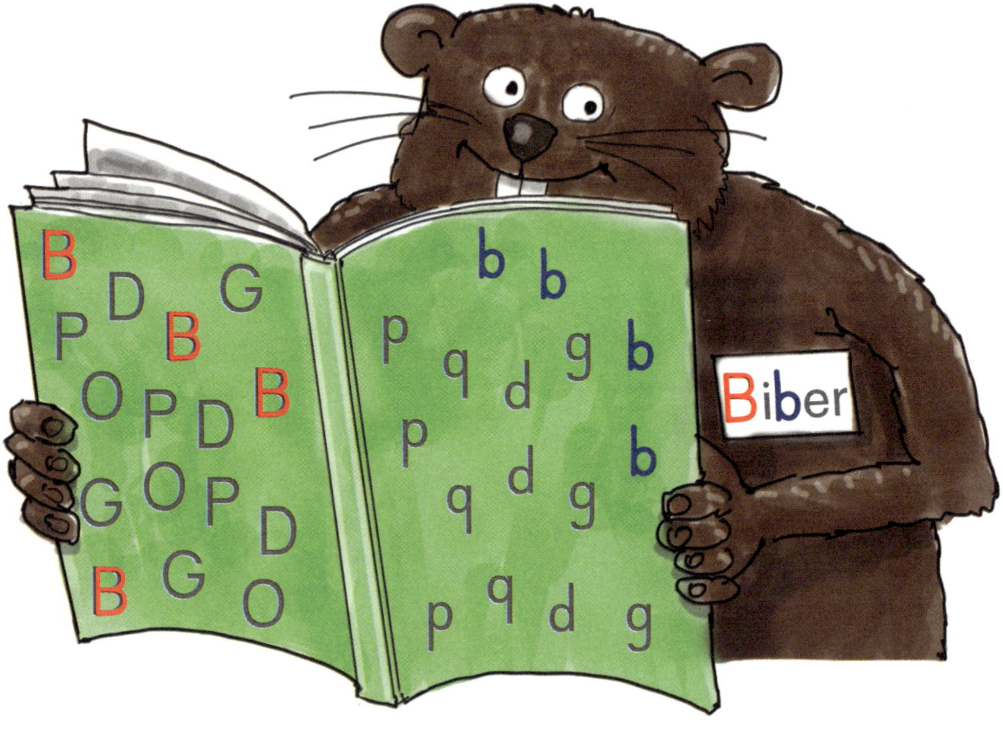

Üben ❻  Fahre nach.

Lösung ❻ Für das fertige Bild gibt es 1 Punkt.

Üben ❼  Fahre C und c nach und schreibe C und c.

Clown

Comic

Cowboy

Computer

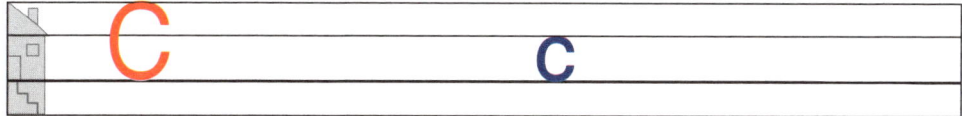

C   c

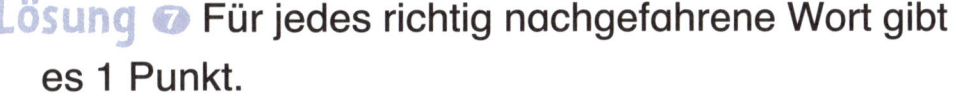

Lösung ❼ Für jedes richtig nachgefahrene Wort gibt es 1 Punkt.

C l o w n

C o m i c

C o w b o y

C o m p u t e r

Üben ⑩  Fahre die gestrichelten Bögen nach.

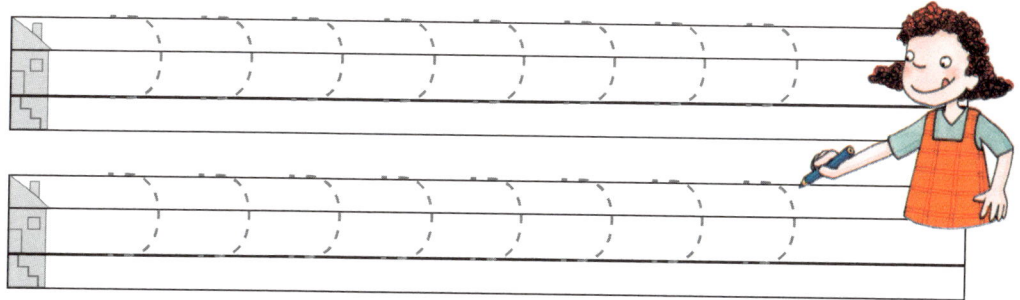

Üben ⑪  Kreise alle D und d ein.

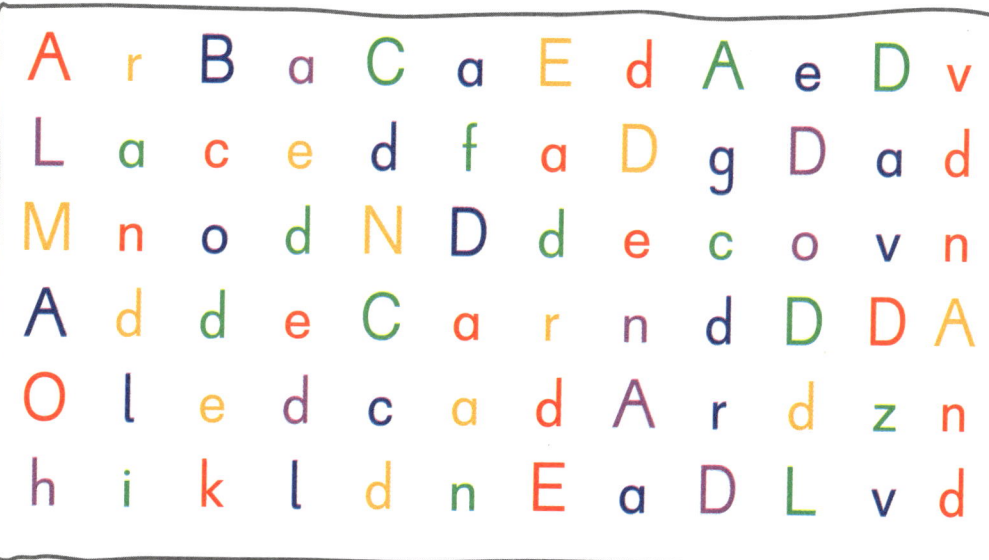

Lösung ⑩ Für alle richtig nachgefahrenen Bögen gibt es 1 Punkt.

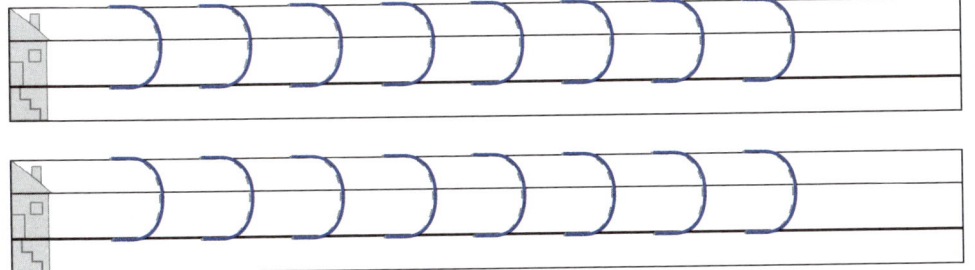

Lösung ⑪ Bei allen richtig umkreisten D/d gibt es 1 Punkt.

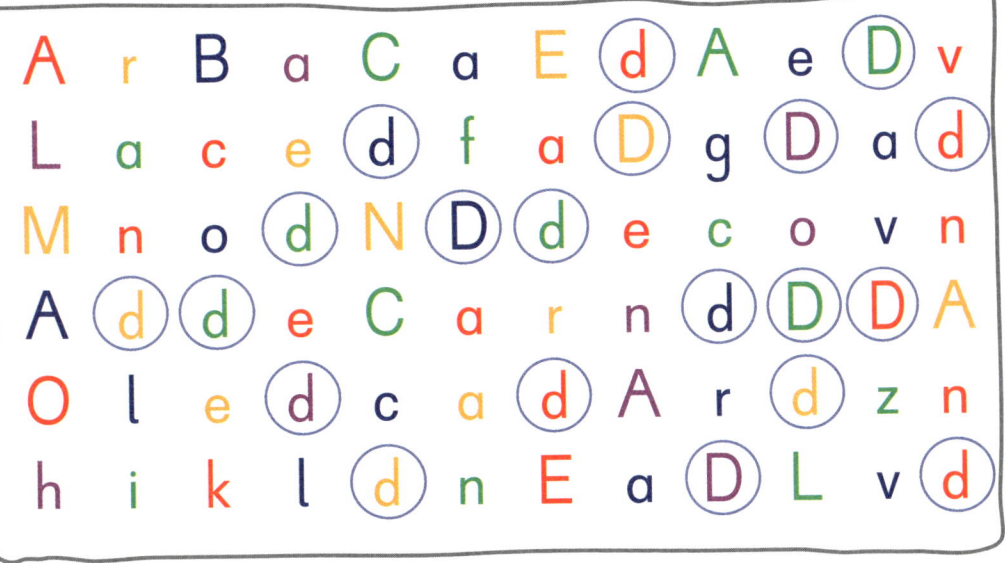

  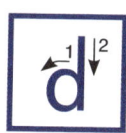

Üben ⑫   Fahre D/d nach und schreibe.

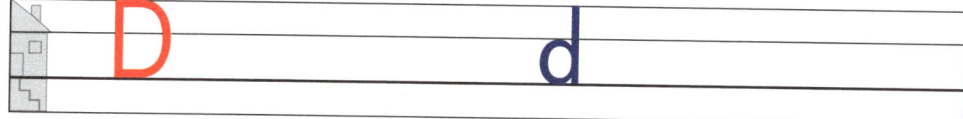

Üben ⑬  Schreibe, wo du D und d

hörst.

Lösung ⑫ Bei allen richtig nachgefahrenen D gibt es
1 Punkt. Bei allen richtig nachgefahrenen d gibt es
ebenfalls 1 Punkt.

Lösung ⑬ Für jedes richtig eingetragene D oder d gibt
es 1 Punkt.

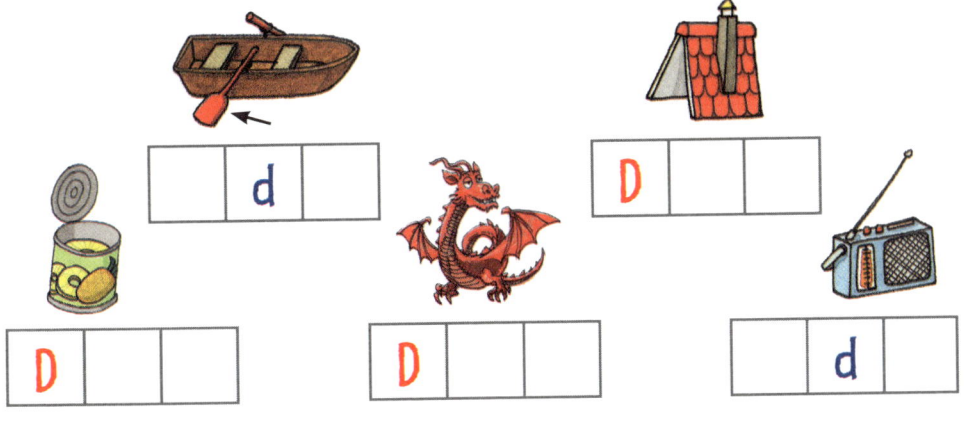

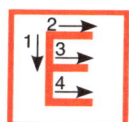  

Üben ⑭  Fahre E und e nach und schreibe E und e.

Kamel

Stern

Engel

Eskimo

Elefant

Esel

Ente

Schere

E   e

Lösung 14 Für jedes richtige Wort gibt es 1 Punkt.

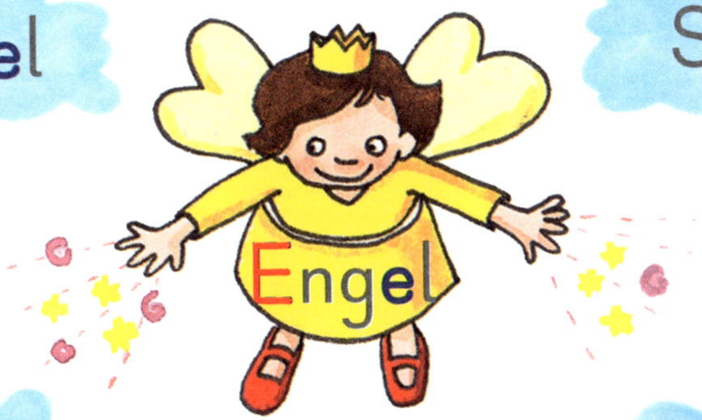

Kamel

Stern

Engel

Eskimo

Elefant

Esel

Ente

Schere

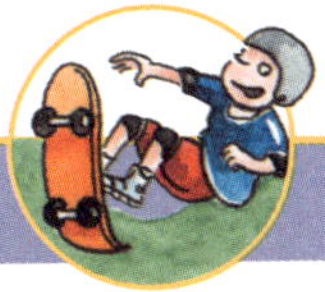

TIPP

Sprich die Wörter ganz deutlich. Klatsche dazu.

Üben  Was beginnt mit E?
Kreuze an.

Lösung ⑮ Für jedes richtig angekreuzte Bild gibt es
1 Punkt.

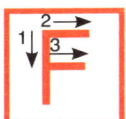  

Üben ⑯  Fahre F und f nach und schreibe F und f.

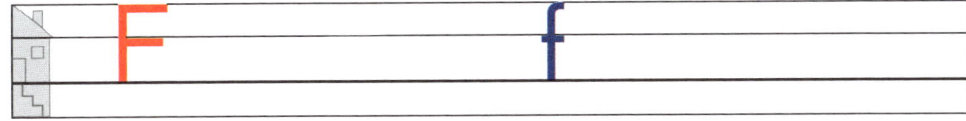

Üben ⑰ Umfahre die Wörter mit F und f.

 Fisch

 Tafel

 Käfer

 Sofa

 Feder

 Dino

 Frosch

Die Buchstaben D/d, E/e, F/f, G/g, H/h, I/i

F/f üben

Lösung ⑯ Bei allen richtig nachgefahrenen **F** gibt es
1 Punkt. Bei allen richtig nachgefahrenen **f** gibt es
ebenfalls 1 Punkt.

Lösung ⑰ Für jedes richtig umrandete Kästchen gibt
es 1 Punkt.

  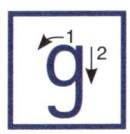

Üben ⑱  Fahre G und g nach und schreibe G und g.

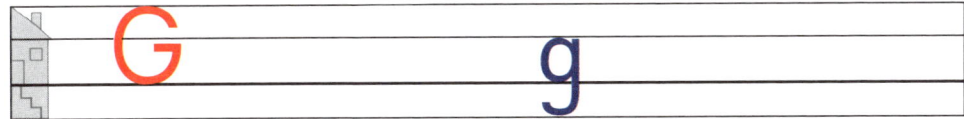

G   g

Üben ⑲ Male oben alle Felder ohne G und g an.

Die Buchstaben D/d, E/e, F/f, G/g, H/h, I/i

G/g üben

Lösung ⑱ Bei allen richtig nachgefahrenen G gibt es 1 Punkt. Bei allen richtig nachgefahrenen g gibt es ebenfalls 1 Punkt.

Lösung ⑲ Für das richtig ausgemalte Bild gibt es 1 Punkt.

Üben    Ziehe die gepunkteten Linien nach.

Lösung ⑳ Bei allen richtig nachgefahrenen Fenstern gibt es 1 Punkt.

Üben ㉑ 👁️ ✏️ Fahre H und h nach und schreibe H und h.

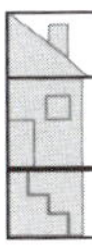

Hemd   Hose   Uhu Uhu Uhu Uhu

H   h

Üben ㉒ 👁️ ✏️ Kreise das richtige Wort ein.

Hose Hemd Hut Hose Hase Hut

Hemd Uhu Hase Hose Hemd Hase Uhu

Hase Hose Hemd Uhu Hose Hut Hemd

Lösung ㉑ Bei allen richtig nachgefahrenen H gibt es 1 Punkt. Bei allen richtig nachgefahrenen h gibt es ebenfalls 1 Punkt.

Lösung ㉒ Für jedes richtige Wort gibt es 1 Punkt.

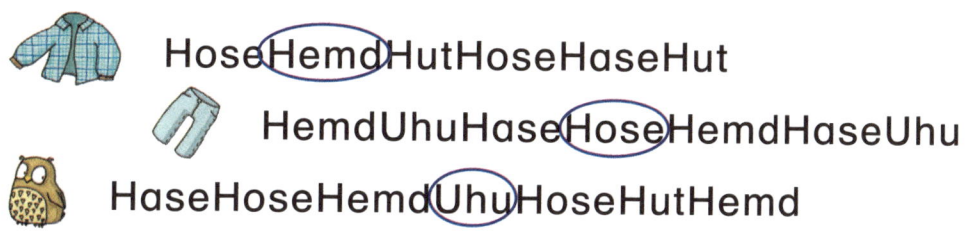

HoseHemdHutHoseHaseHut

HemdUhuHaseHoseHemdHaseUhu

HaseHoseHemdUhuHoseHutHemd

Üben ㉓  Was beginnt mit I?

Kreuze an.

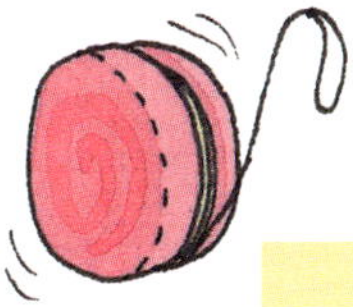

Lösung 23 Für jedes richtig angekreuzte Bild gibt es 1 Punkt.

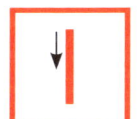  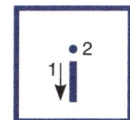

Üben ㉔  Schreibe I und i.

Iglu

Tipi

| I | i |

Üben ㉕  Kreise das richtige Wort ein.

Eskimo
Eskomo
Eskimo Eskami

Indaner
Indianer
Indianer Indiano

 **Die Buchstaben D/d, E/e, F/f, G/g, H/h, I/i**
I/i üben

Lösung ㉔ Bei allen richtig geschriebenen I gibt es 1 Punkt. Bei allen richtig geschriebenen i gibt es ebenfalls 1 Punkt.

Lösung ㉕ Für jedes richtige Wort gibt es 1 Punkt.

Eskimo
Eskomo
Eskimo Eskami

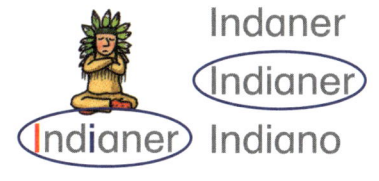

Indaner
Indianer
Indianer Indiano

Üben ㉖ Fahre den kleinen und den großen Buchstaben jeweils in der gleichen Farbe nach. Nimm 8 verschiedene Farben.

A B C H i f b D h a d G e l g c E F

Lösung ㉖ Für jedes mit gleicher Farbe nachgefahrene Buchstabenpaar gibt es 1 Punkt.

A B H i C

f

b h

d G D g e

I E c a F

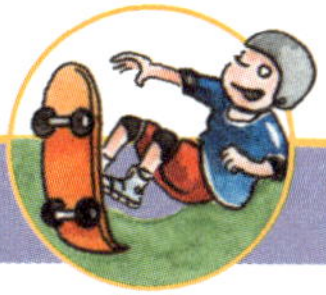

TIPP

Schau in den jeweiligen Anlauthäusern am Ende dieses Blockes nach. Dort findest du alle Buchstaben.

Üben 27  Zeichne die Schirmstöcke ein.

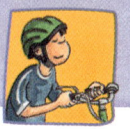

Bögen nachfahren

Lösung 27 Bei allen richtig nachgefahrenen Schirmstöcken gibt es 1 Punkt.

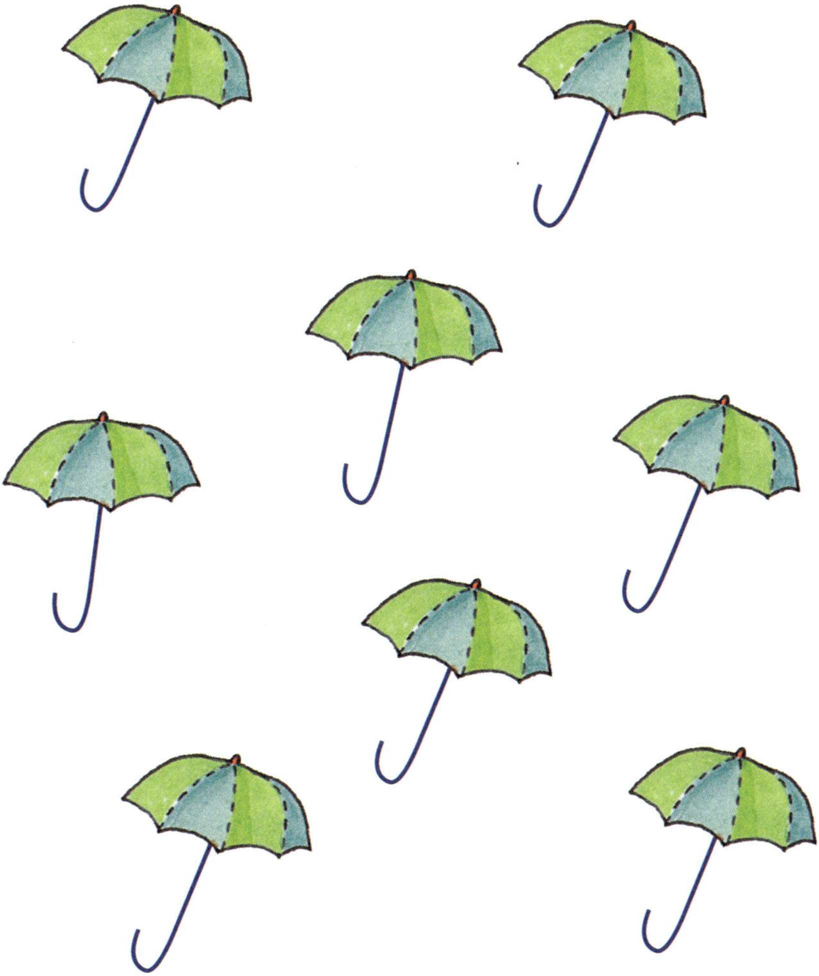

Üben 27 Punkt

  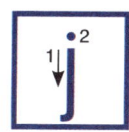

Üben 28  Fahre J und j nach und schreibe J und j.

J L   j i j
l l   j l j
J L   i j i
J L   j i i j

 Jojo   Jacke

 Judo   Jäger

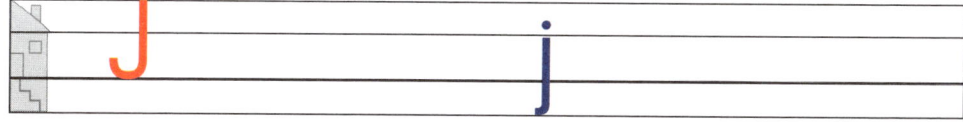

J   j

Lösung ㉘ Bei allen richtig nachgefahrenen **J** gibt es 1 Punkt. Bei allen richtig nachgefahrenen **j** gibt es ebenfalls 1 Punkt.

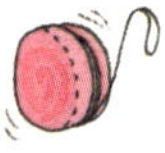

J L   j i j
l l   j l j
J L   i j i
J L   j i i j

 Jojo   Jacke

Judo   Jäger

Üben 29 👁 ✏ Fahre K und k nach und
schreibe K und k.

K K K
K K
Kiste Kiste Kiste

k   k   k
Paket

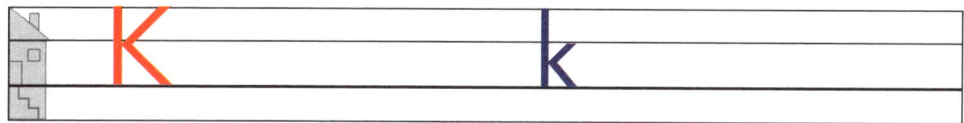

K   k

Lösung ㉙ Für jedes richtige Bild gibt es 1 Punkt.

Ka tus

ro odil

uh

atze

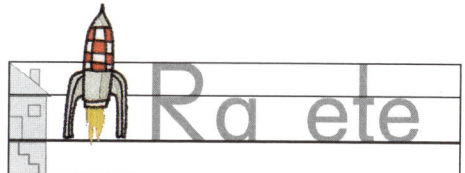

Ra ete

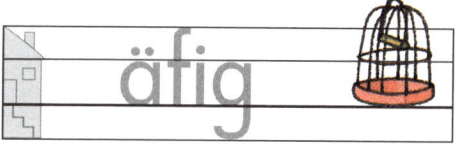

äfig

Scho olade

Ban

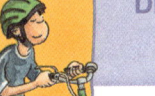

K/k üben

Lösung 30 Für jedes richtige Wort gibt es 1 Punkt

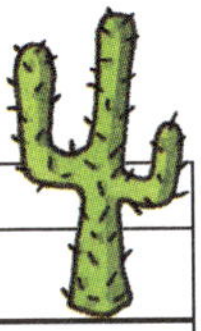

Kaktus

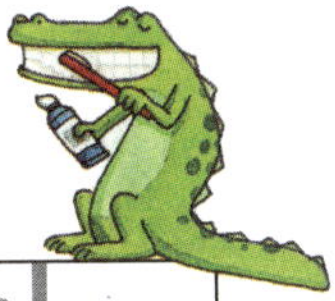

Krokodil

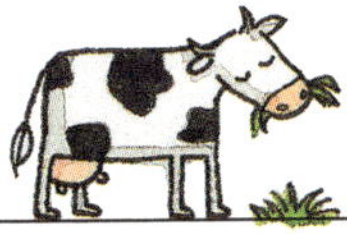

Kuh

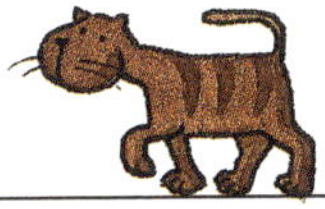

Katze

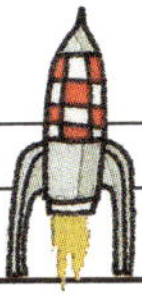

Rakete

Käfig

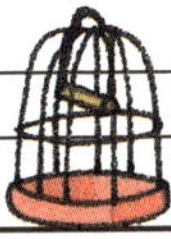

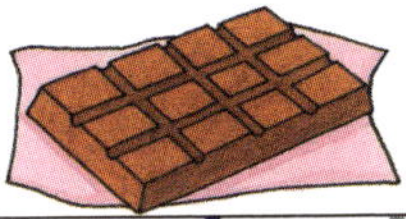

Schokolade

Bank

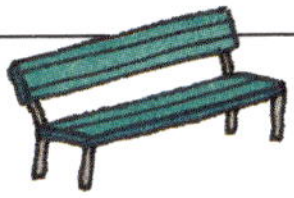

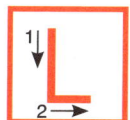  

Lilli liebt lila Lollis.

Lila Lollis liebt Lilli.

Liebt Lilli lila Lollis?

L   l

Lolli

Lösung ③ Für jede richtig nachgefahrene Zeile gibt es 1 Punkt. Für jede geschriebene Zeile gibt es ebenfalls 1 Punkt.

Lilli liebt lila Lollis.

Lila Lollis liebt Lilli.

Liebt Lilli lila Lollis?

Üben  Was beginnt mit L?

Kreuze an.

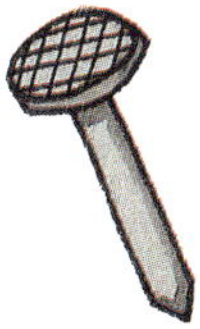

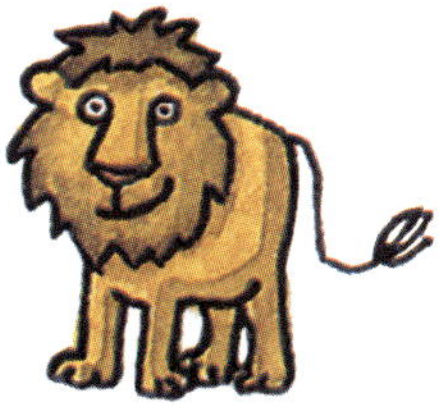

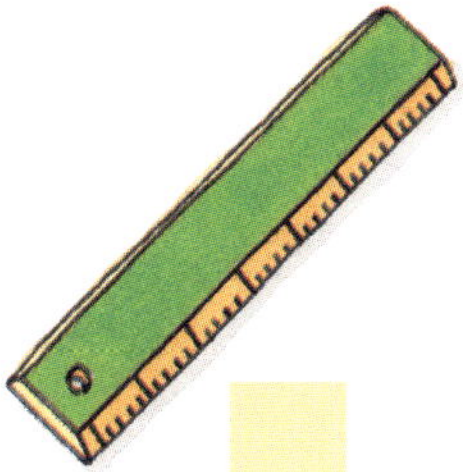

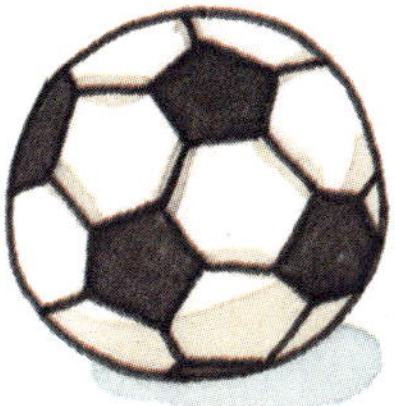

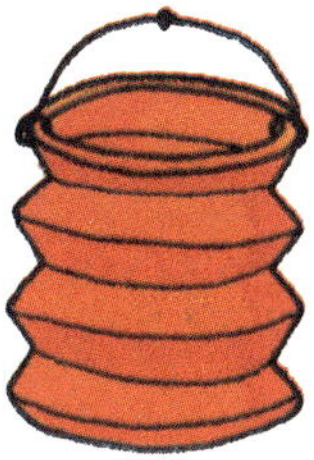

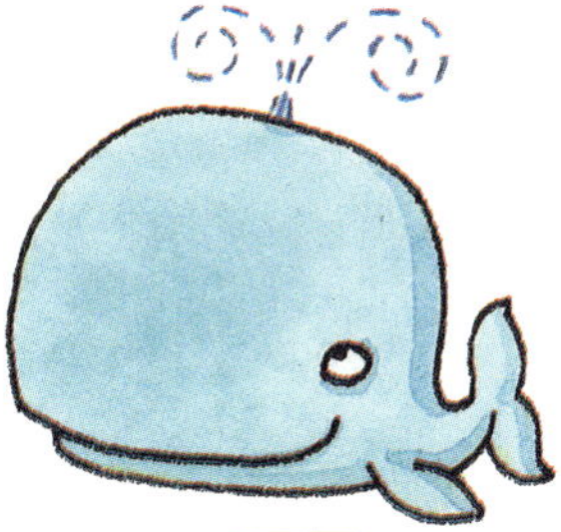

Lösung ㉜ Für jedes richtig angekreuzte Bild gibt es
1 Punkt.

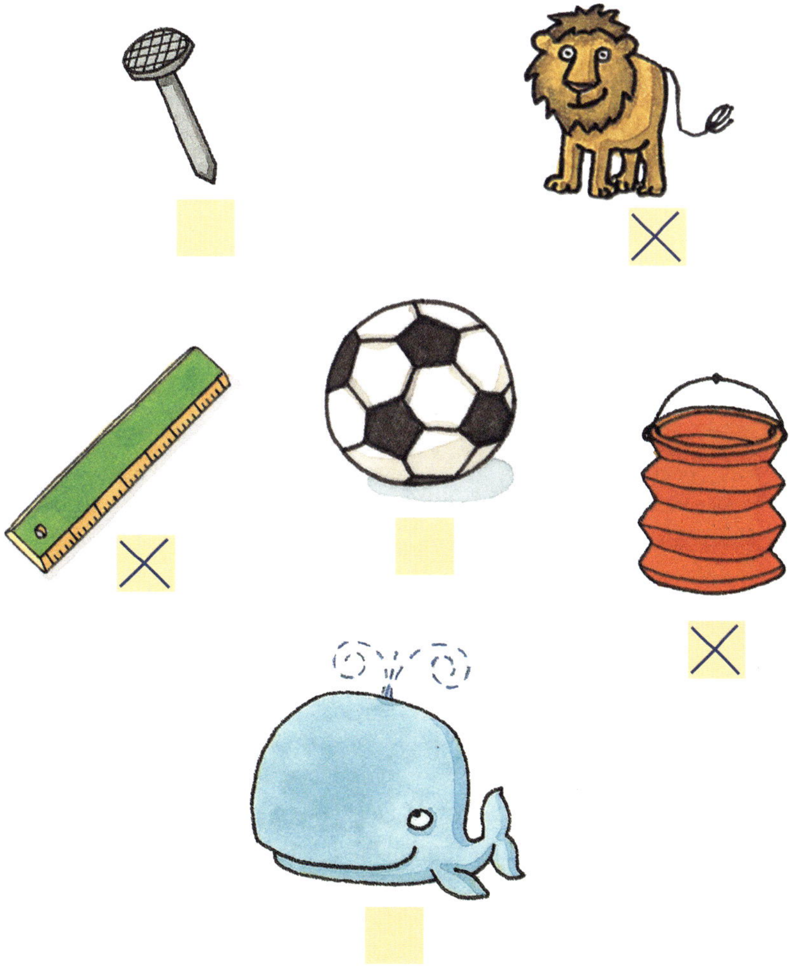

üben ㉜ ____ Punkte

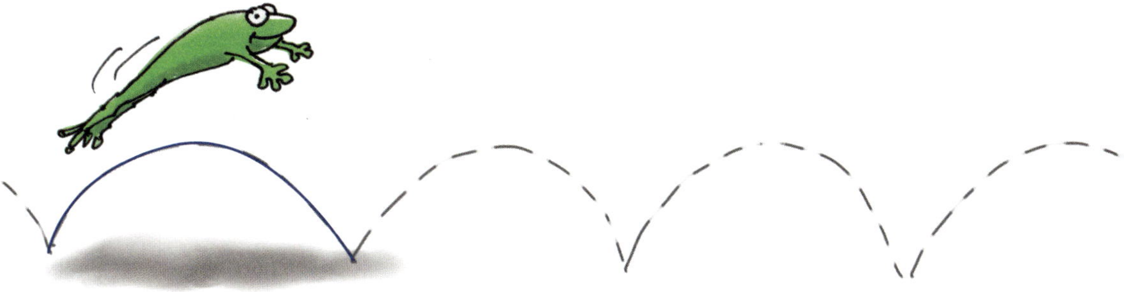

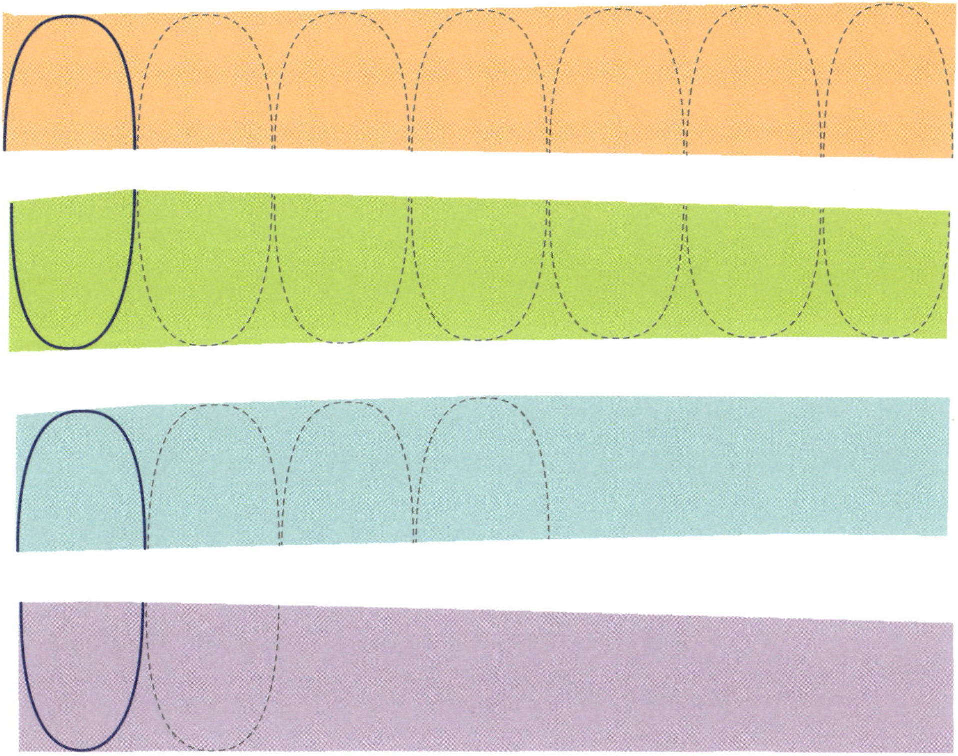

 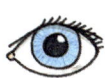 

Girlanden/Arkaden nachfahren und ergänzen

Lösung 33 Für die nachgefahrenen und gemalten Schwünge gibt es für jede Linie 1 Punkt.

Üben ③④  Fahre M und m nach und schreibe M und m.

M   m

Üben ③⑤ Schreibe.

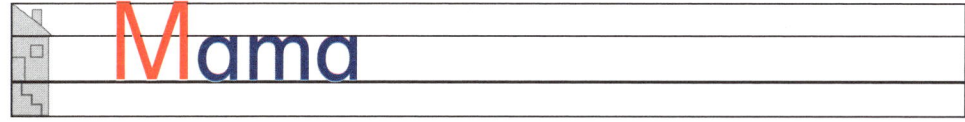

Mama

Lösung ㉞ Bei allen richtig nachgefahrenen M gibt es 1 Punkt. Bei allen richtig nachgefahrenen m gibt es ebenfalls 1 Punkt.

Lösung ㉟ Für das richtig geschriebene Wort gibt es 1 Punkt.

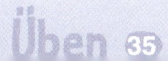

Üben 36

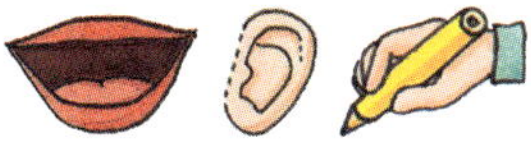

Wo hörst du M/m? Am Anfang, in der Mitte oder am Ende? Kreuze an.

Lösung ㊱ Für jeden richtig angekreuzten Laut gibt es 1 Punkt.

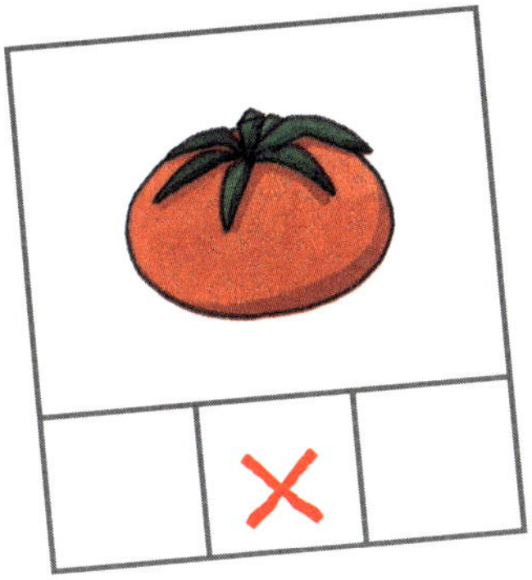

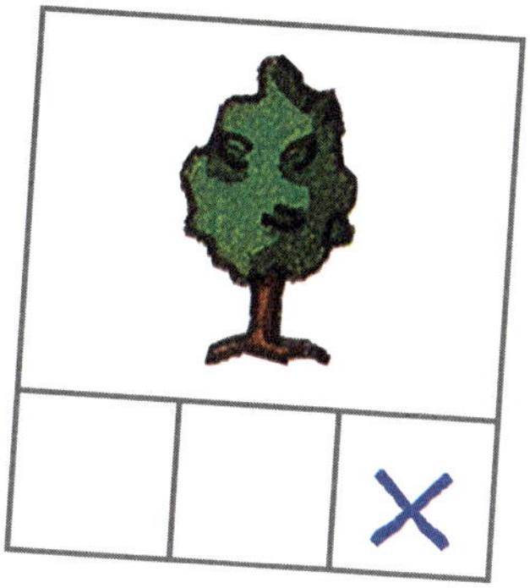

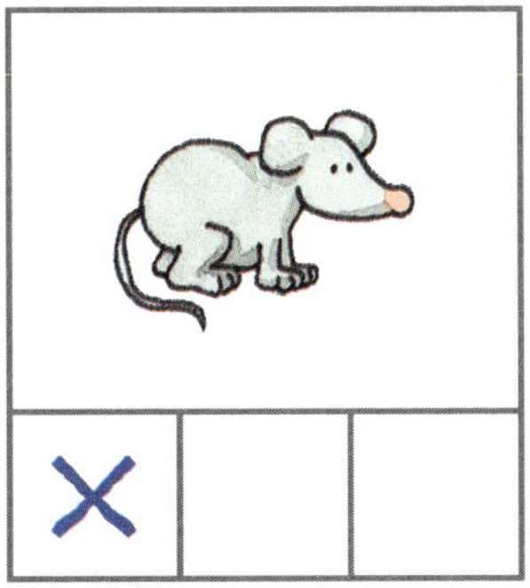

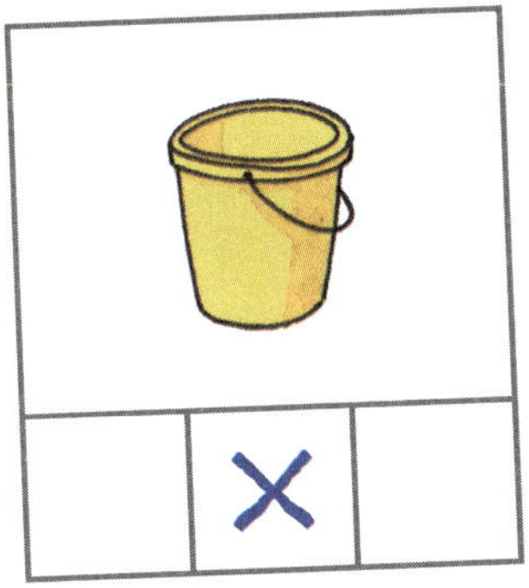

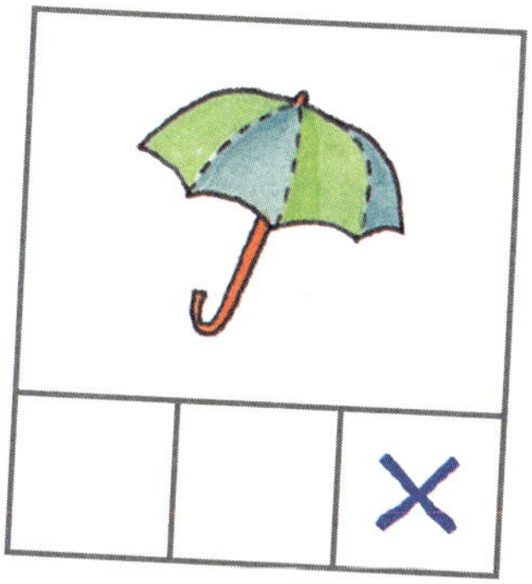

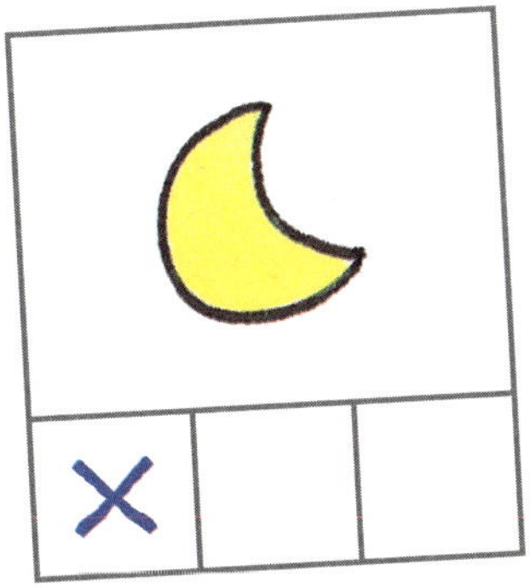

 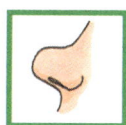 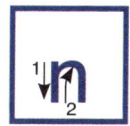

Üben ㊲  Fahre N und n nach und schreibe N und n.

N   n

Üben ㊳ 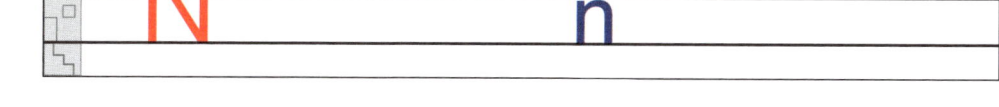 Fahre N und n nach.

 Nagel    Lineal

 Zahn    Nashorn

Lösung ㊲ Bei allen richtig nachgefahrenen N gibt es
1 Punkt. Bei allen richtig nachgefahrenen n gibt es
ebenfalls 1 Punkt.

Lösung ㊳ Für jedes richtig nachgefahrene Wort gibt
es 1 Punkt.

 Nagel

 Lineal

 Zahn

 Nashorn

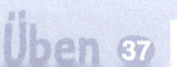 

Üben ㊳ 👁 ✏️ Ergänze die Reihen.

NnNnN

LIIILIIIL

JJJJjJJJJj

MMmMMm

Üben ㊵ 👂 ✏️ Was hörst du am Anfang?
Schreibe.

LLL

Lösung 39 Für jede richtig ergänzte Reihe gibt es
1 Punkt.

Lösung 40 Für jede richtige Linie gibt es 1 Punkt.

Üben 41 👁 ✍️ Welche großen und kleinen Buchstaben gehören zusammen? Verbinde.

M

K

N

J

l

m

k

j

n

L

Lösung ㊶ Für jede richtige Verbindung gibt es
1 Punkt.

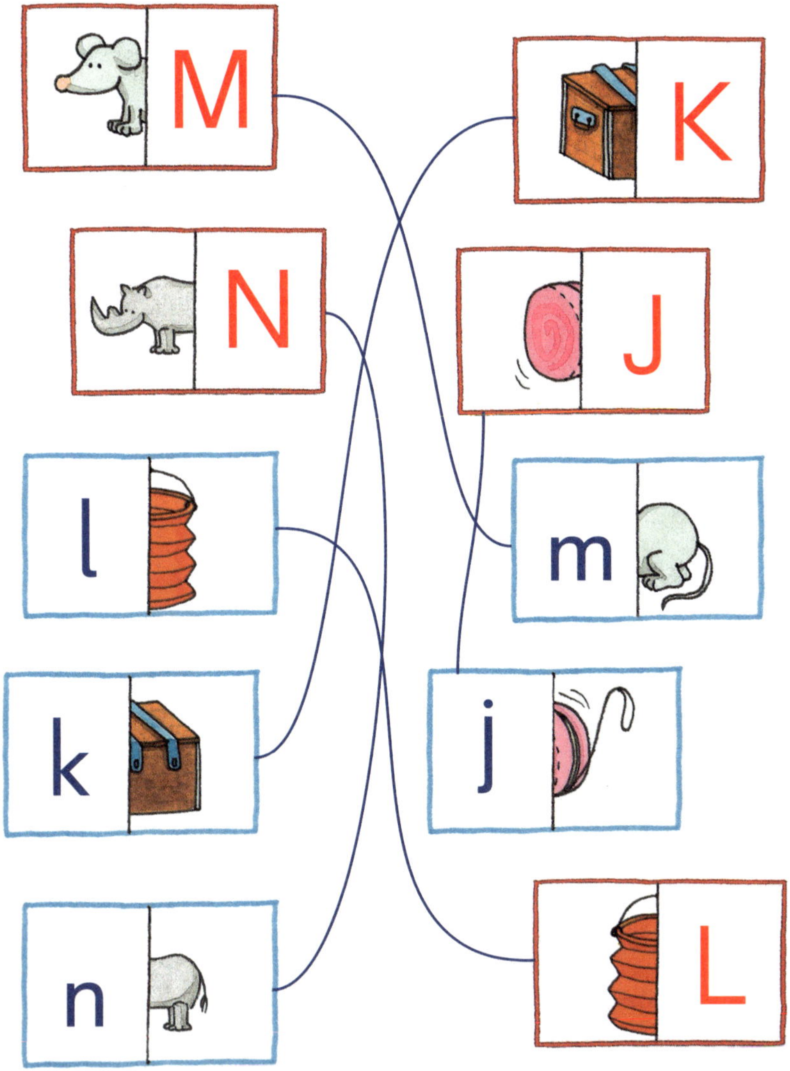

M · · K

N · · J

l · · m

k · · j

n · · L

Üben ❹❷ 👁 ✏️ Ziehe die Eier nach und male sie bunt an.

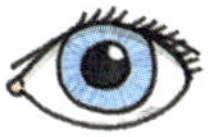

Kreise ziehen

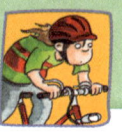

Lösung 42 Für alle nachgefahrenen Eier gibt es 1 Punkt. Für alle bunt angemalten Eier gibt es ebenfalls 1 Punkt.

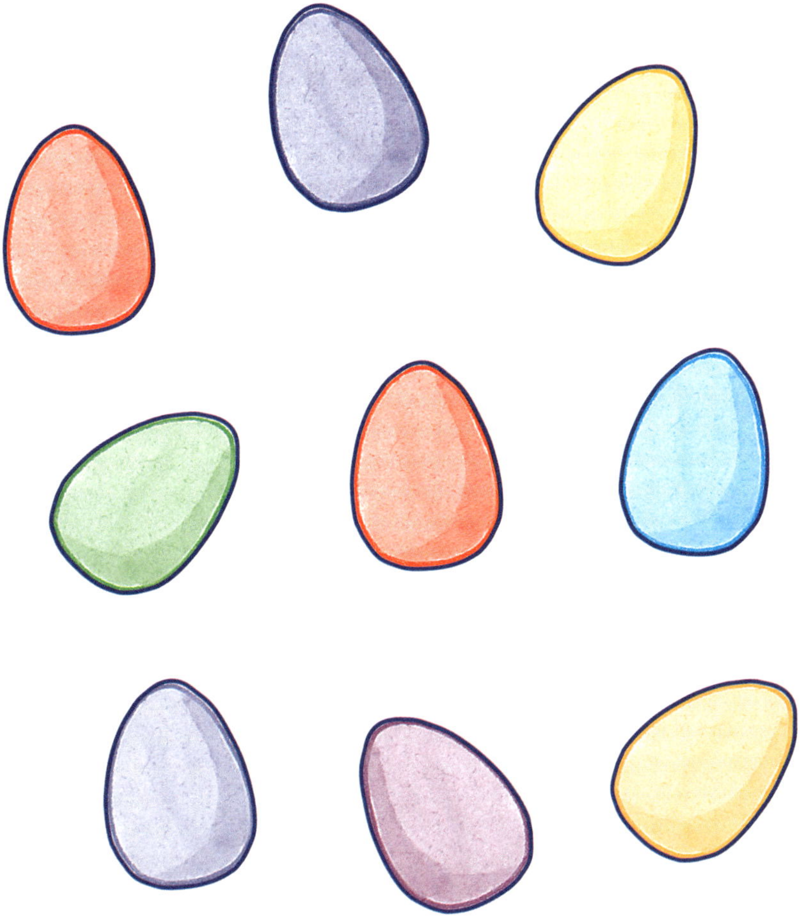

Üben 43  Fahre O und o nach und schreibe O und o.

Bonbon
Lolli
Dino
Sonne
Domino
Hose

Osterhase
Oma
Ofen
Ohr
Opa

O   o

Lösung 43 Für jedes richtig nachgefahrene Wort gibt
es 1 Punkt.

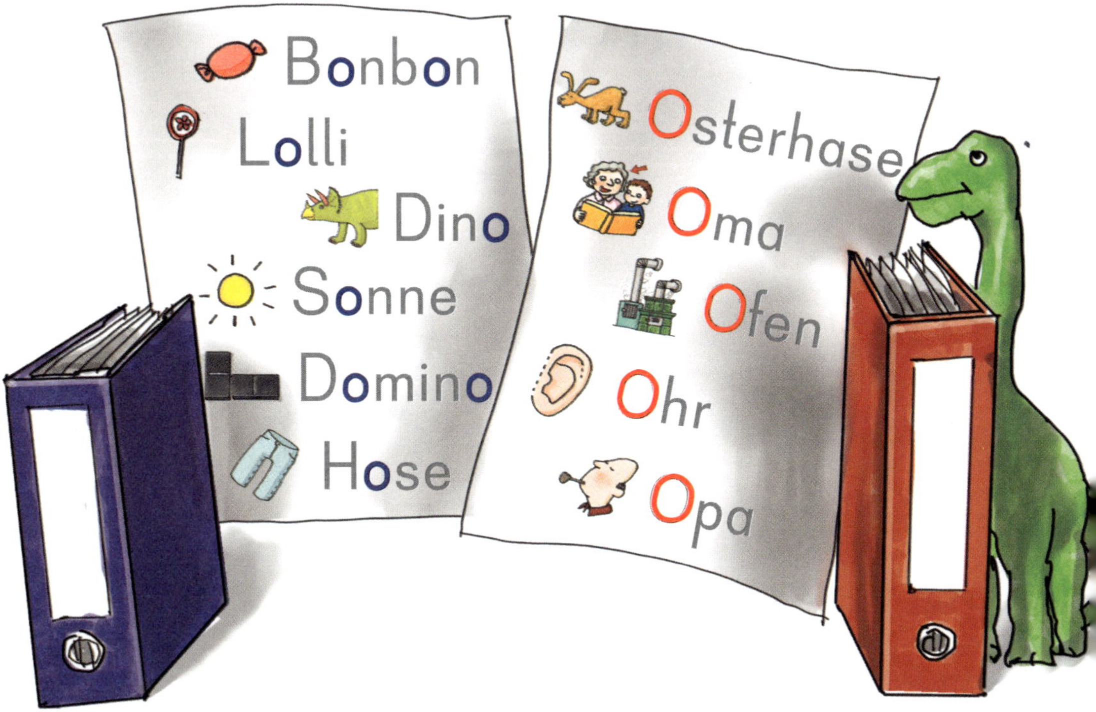

Bonbon

Lolli

Dino

Sonne

Domino

Hose

Osterhase

Oma

Ofen

Ohr

Opa

Üben 44 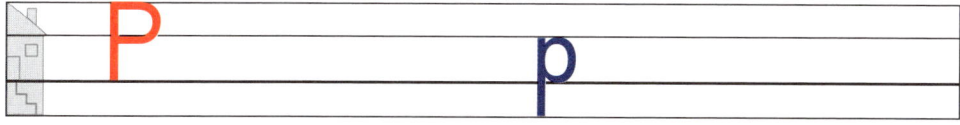 Fahre P und p nach und schreibe P und p.

P p P p P p P p P p P

Palme   Palme   Palme

Pinsel   Pinsel   Pinsel

Paket   Paket   Paket   Paket

Puppe   Puppe   Puppe   Puppe

Pinguin   Pinguin   Pinguin   Pinguin

P   p

Lösung ④④ Bei allen richtig nachgefahrenen
Buchstaben und Wörtern auf einer Treppenstufe gibt
es jeweils 1 Punkt.

PpPpPpPpPpP

Palme   Palme   Palme

Pinsel   Pinsel   Pinsel

Paket   Paket   Paket   Paket

Puppe   Puppe   Puppe   Puppe

Pinguin   Pinguin   Pinguin   Pinguin

Üben ⑮ Bei welchen Wörtern hörst du P/p? Kreise ein.

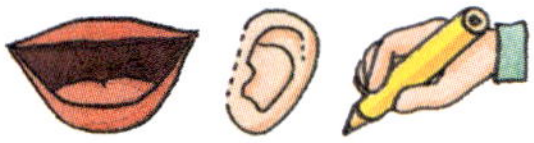

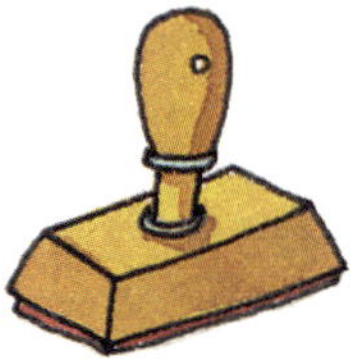

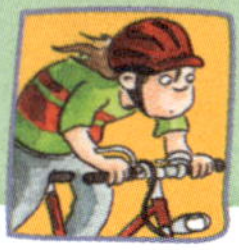

Lösung ㊺ Für jedes richtig eingekreiste Bild gibt es
1 Punkt.

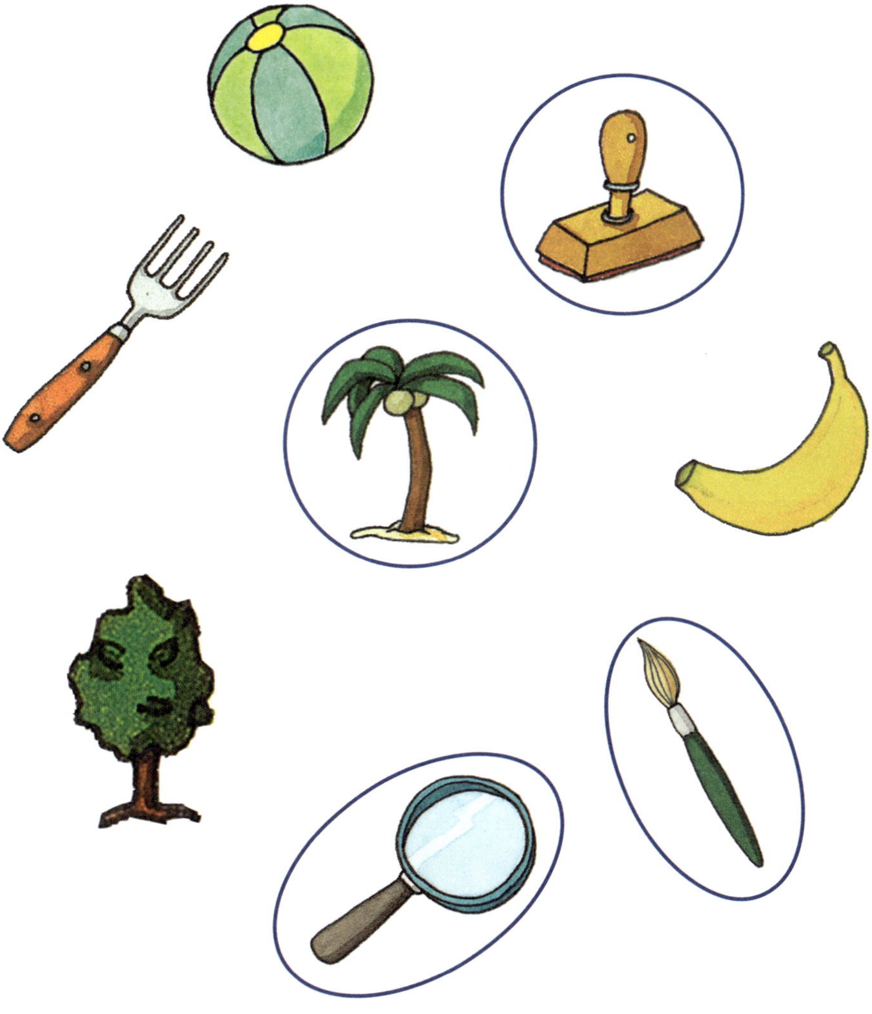

Üben 46  Fahre Qu und qu nach und schreibe Qu und qu.

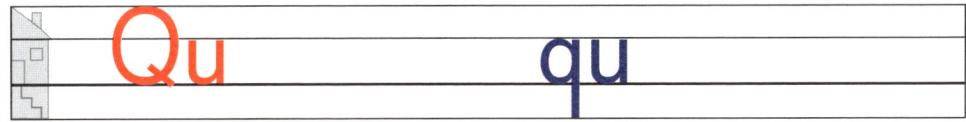

Qu   qu

Üben 47 Schreibe, wo du Qu und qu hörst.

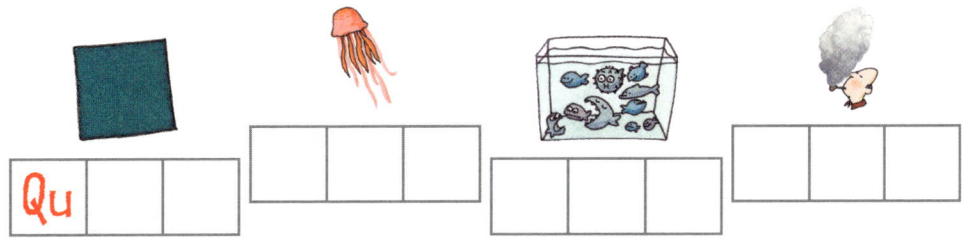

Qu

Lösung ㊻ Bei allen richtig nachgefahrenen Qu gibt es
1 Punkt. Bei allen richtig nachgefahrenen qu gibt es
ebenfalls 1 Punkt.

Lösung ㊼ Für jedes richtige Wort gibt es 1 Punkt.

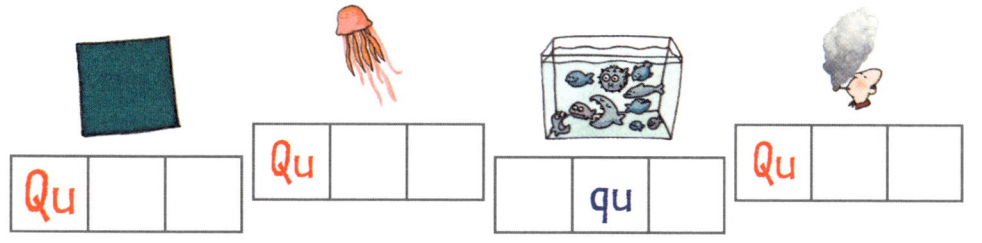

Üben 48  Fahre R und r nach und schreibe R und r.

R

R R R

Rakete

Rakete

Rakete

Rakete

r r r r r r   r r r r r r

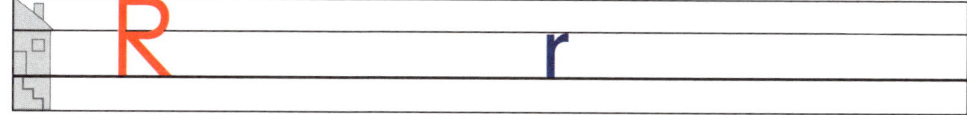

R   r

Üben 49  Fahre R und r nach.

 R a ke te    Sche re

Ro se    Pi rat    Re gen

Lösung ㊽ Bei allen richtig nachgefahrenen R gibt es
1 Punkt. Bei allen richtig nachgefahrenen r gibt es
ebenfalls 1 Punkt.

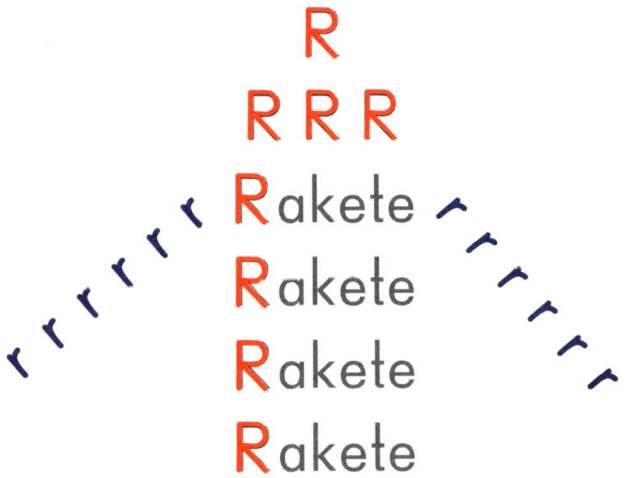

R

R R R

r r r r r r Rakete r

r r r r r r Rakete r r r r r r

Rakete r

Rakete

Lösung ㊾ Für jedes richtig nachgefahrene Wort gibt
es 1 Punkt.

Rakete   Schere

Rose   Pirat   Regen

Üben ⑤⓪    Wo hörst du R/r? Am
Anfang, in der Mitte oder am Ende? Kreuze an.

Lösung 50 Für jeden richtig angekreuzten Laut gibt es
1 Punkt.

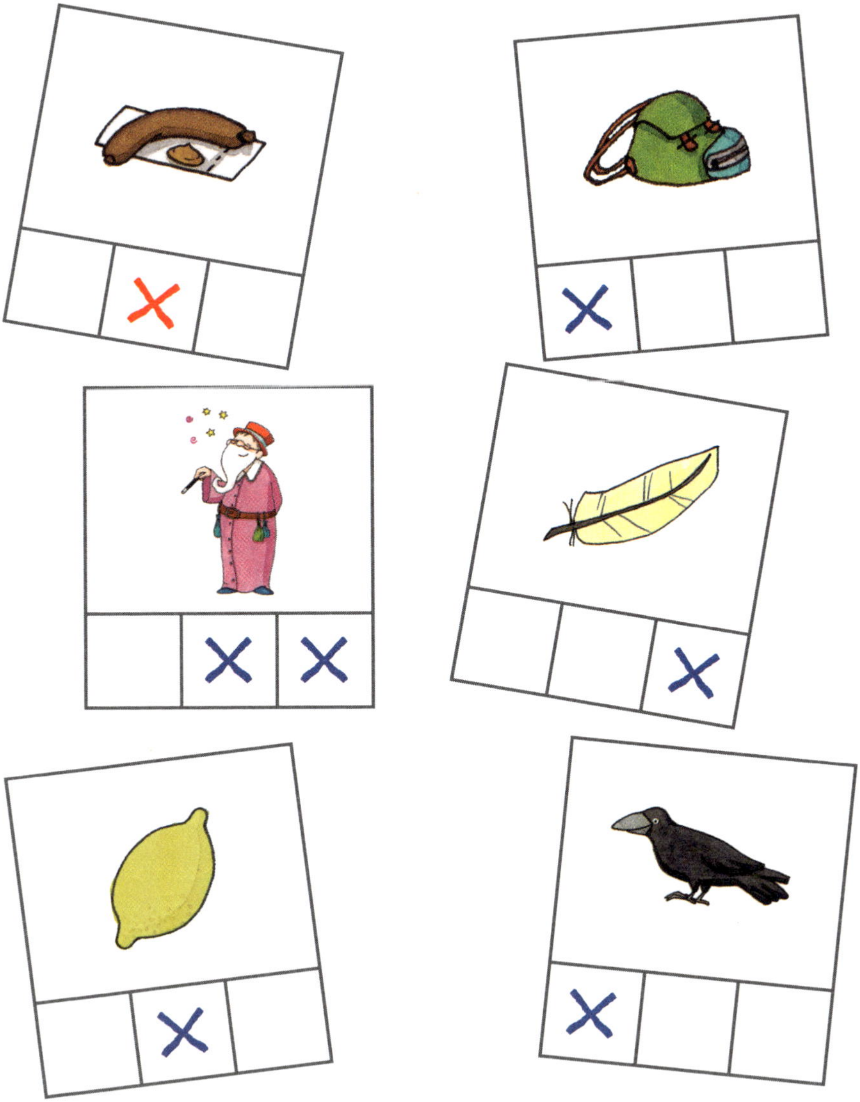

Üben    Zeichne die Drachenschwänze
mit verschiedenen Farben nach.

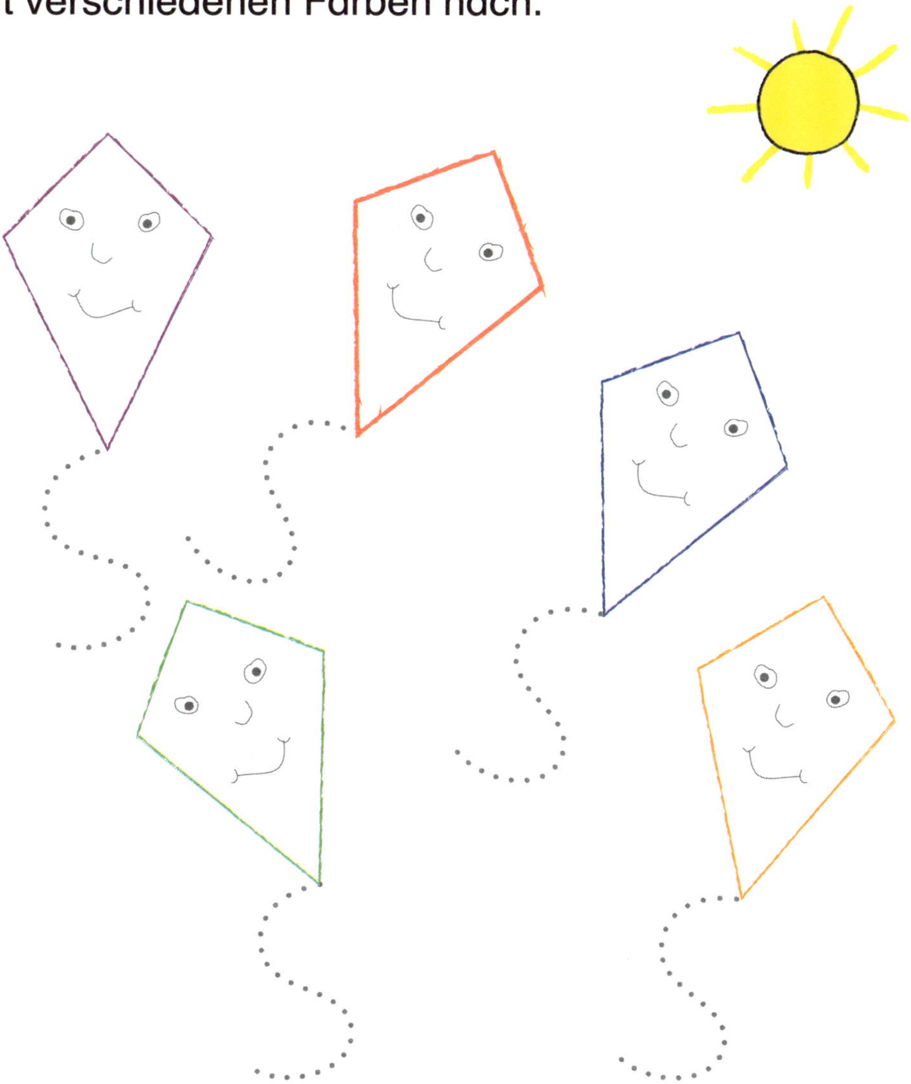

Lösung 51 Bei allen farbig nachgezeichneten Drachenschwänzen gibt es 1 Punkt.

Üben 52  Fahre S und s nach und schreibe S und s.

S   s

Üben 53 👁 ✍ Schreibe.

Salami

Lösung 52 Bei allen richtig nachgefahrenen S gibt es 1 Punkt. Bei allen richtig nachgefahrenen s gibt es ebenfalls 1 Punkt.

Lösung 53 Für jedes richtige Wort gibt es 1 Punkt.

Salami

Sofa

Hase

Üben 54  Fahre T und t nach und schreibe T und t.

Tafel

Tasse

Brot

Tisch

Tomate

Tor

T   t

Üben 55 Finde die Fehler. Streiche durch.

Lösung 54 Bei allen richtig nachgefahrenen T gibt es
1 Punkt. Bei allen richtig nachgefahrenen t gibt es
ebenfalls 1 Punkt.

Lösung 55 Für jeden richtig durchgestrichenen Buchstaben gibt es 1 Punkt.

Üben 56 Schreibe die Wörter.

R	o	s	e

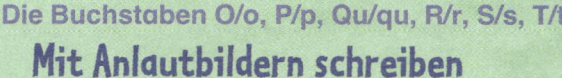

Lösung 56 Für jedes richtige Wort gibt es 1 Punkt.

R o s e

T o r

P i r a t

T r o m p e t e

T o m a t e

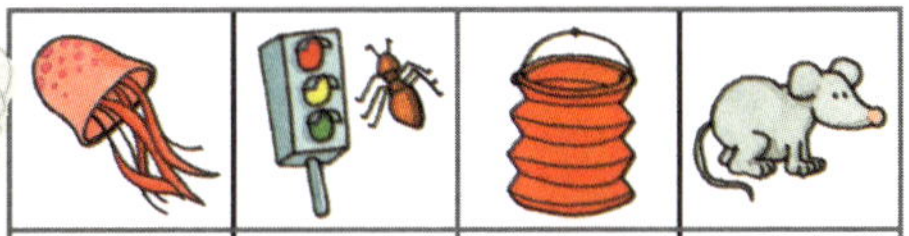

Qu a l m

Üben 57 👁 ✍ Welche großen und kleinen Buchstaben gehören zusammen? Verbinde.

O

P

p

r

R

S

t

o

qu

Qu

s

T

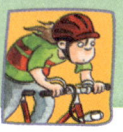

Große und kleine Buchstaben

Lösung 57 Für jede richtige Verbindung gibt es 1 Punkt.

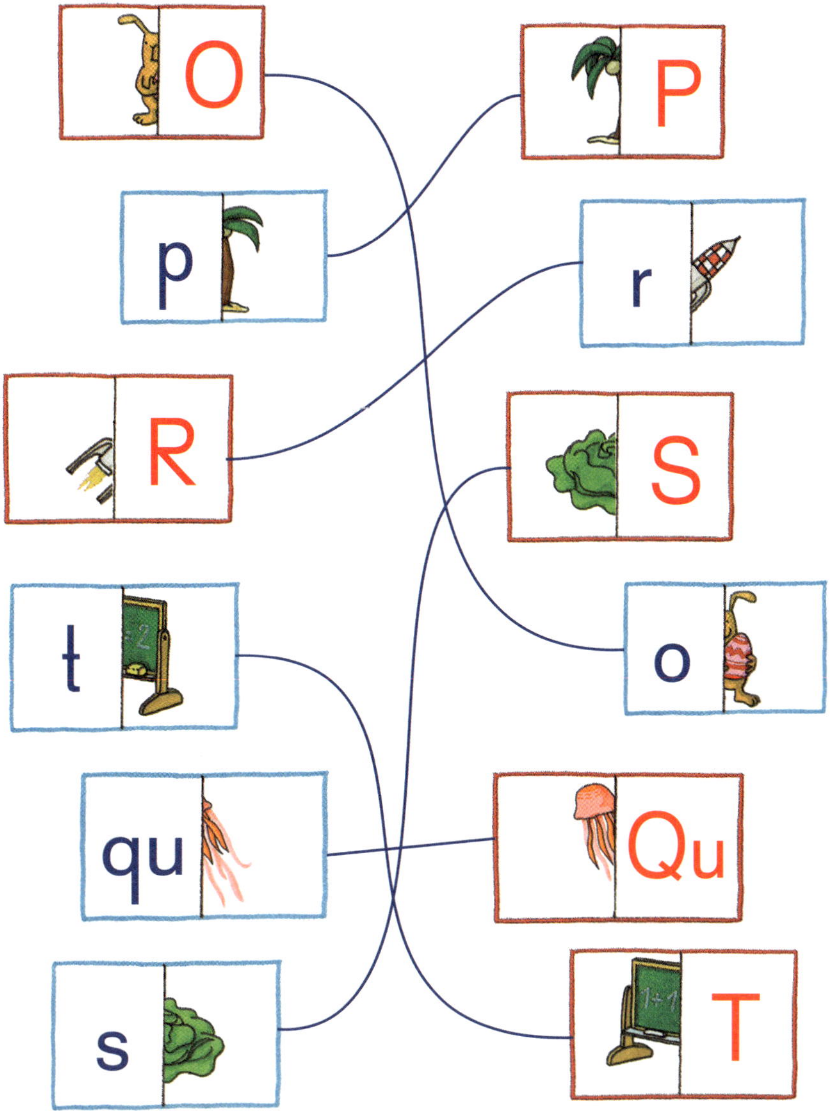
O
P
p
r
R
S
t
o
qu
Qu
s
T

Üben 58  Fahre U und u nach und schreibe U und u.

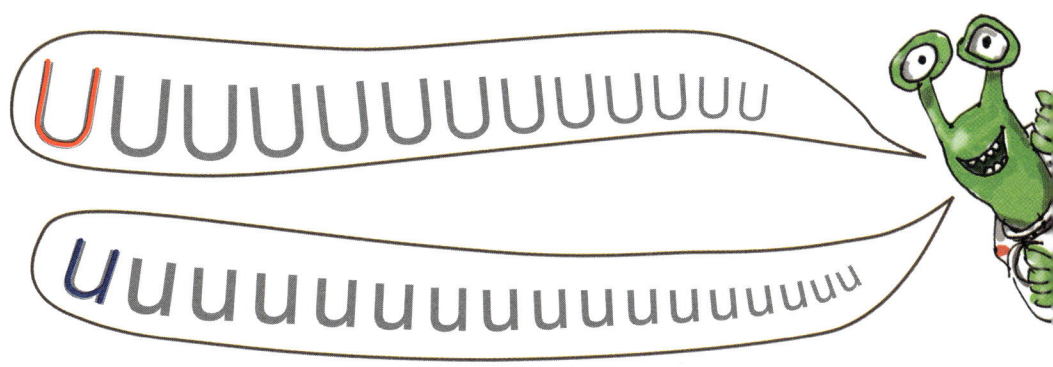

U U U U U U U U U U U U U U u

u u u u u u u u u u u u u u u u u u u

U u

Üben 59  Schreibe die Wörter.

Ufo .... U ....

B .... I ....

K .... L ....

Lösung ⑤⑧ Bei allen richtig nachgefahrenen U gibt es 1 Punkt. Bei allen richtig nachgefahrenen u gibt es ebenfalls 1 Punkt.

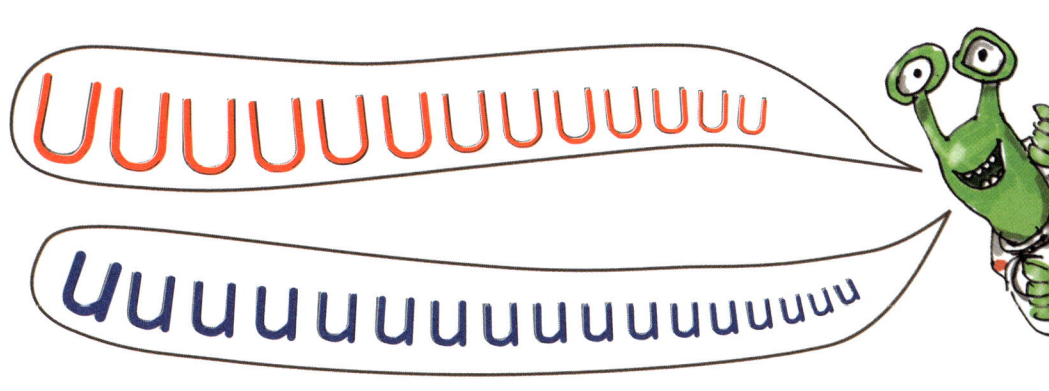

Lösung ⑤⑨ Für jedes richtige Wort gibt es 1 Punkt.

Ufo   Uhu

Bus   Iglu

Kaktus   Lupe

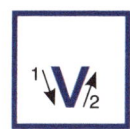

Üben 60  Schreibe V, v und Vogel.

V   v

Vogel

. . . .

. . . .

Üben 61 Schreibe die Wörter.

Lösung ⑥⓪ Für jedes richtige Wort gibt es 1 Punkt.

Vogel

Vogel

Lösung ⑥① Für jedes richtige Wort gibt es 1 Punkt.

Vulkan   Vampir

TIPP

Der Buchstabe **V/v** klingt wie Ⓦ

oder Ⓕ .

Üben    V klingt wie W oder F.

Sprich die Wörter deutlich und ordne sie unten ein.

Vier

Vater

Villa

Vase

V klingt wie W.

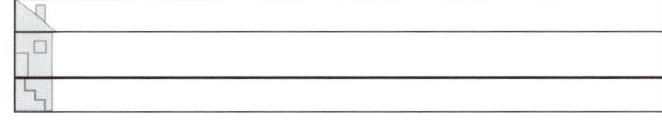

V klingt wie F.

Lösung ⑥ Für jedes richtig eingeordnete Wort gibt es
1 Punkt.

V klingt wie W.

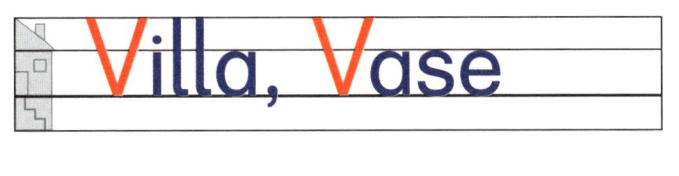
Villa, Vase

V klingt wie F.

Vier, Vater

Üben 63  Fahre W und w nach und schreibe W und w.

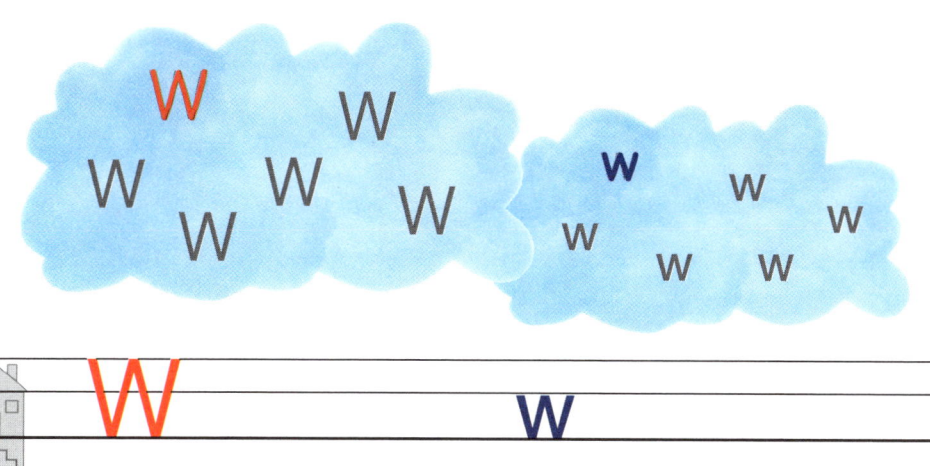

Üben 64 Schreibe die Wörter.

Wal

Die Buchstaben U/u, V/v, W/w, X/x, Y/y, Z/z

W/w üben

Lösung 63 Bei allen richtig nachgefahrenen W gibt es 1 Punkt. Bei allen richtig nachgefahrenen w gibt es ebenfalls 1 Punkt.

Lösung 64 Für jedes richtige Wort gibt es 1 Punkt.

Üben 65  Was beginnt mit W?

Kreuze an.

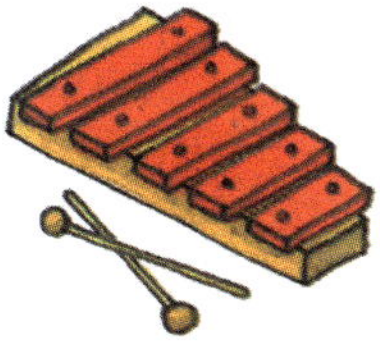

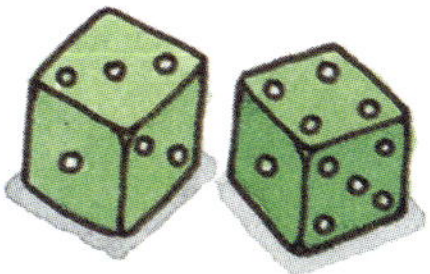

Anlaut erkennen

Anlaut erkennen

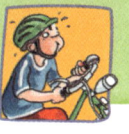

Lösung 65 Für jedes richtig angekreuzte Bild gibt es 1 Punkt.

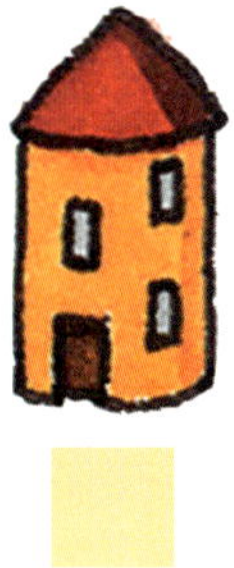

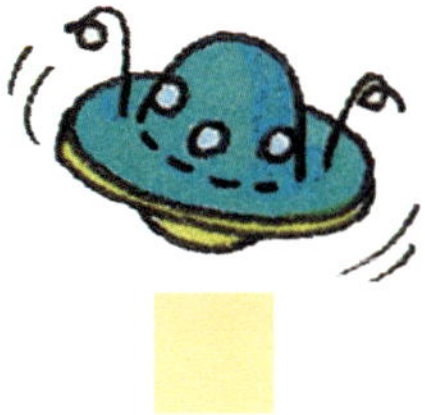

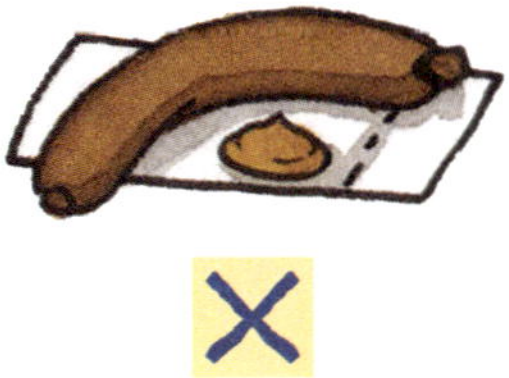

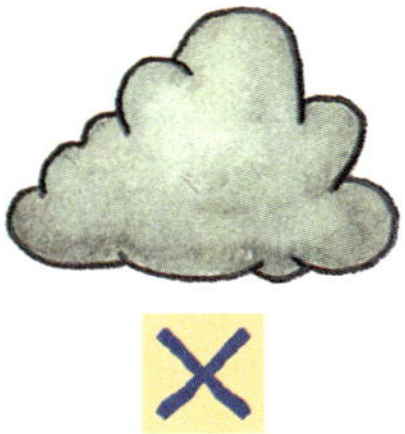

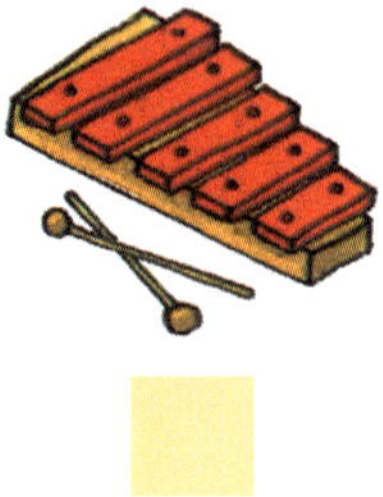

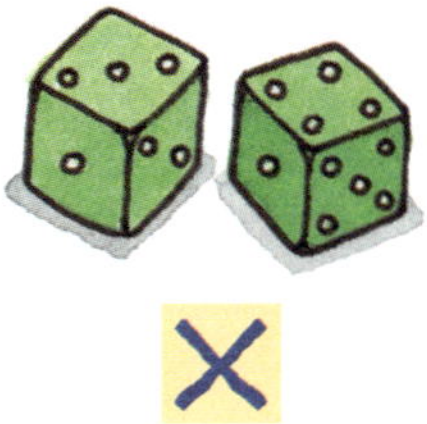

Üben 66 Fahre X und x nach und schreibe X und x.

X	A	W	X	B	o	x	e	r
M	T	a	x	i	X	M	X	i
X	X	L	e	x	i	k	o	n
W	N	i	x	e	X	i	Y	M

X   x

Üben 67 Schreibe die gelb hinterlegten Wörter auf.

Boxer

Die Buchstaben U/u, V/v, W/w, X/x, Y/y, Z/z
X/x üben

Lösung ⑥⑥ Bei allen richtig nachgefahrenen X gibt es 1 Punkt. Bei allen richtig nachgefahrenen x gibt es ebenfalls 1 Punkt.

X	A	W	X	B	o	x	e	r
M	T	a	x	i	X	M	X	i
X	X	L	e	x	i	k	o	n
W	N	i	x	e	X	i	Y	M

Lösung ⑥⑦ Für jedes richtige Wort gibt es 1 Punkt.

Boxer

Taxi

Lexikon

Nixe

Üben 68  Fahre Y und y nach und schreibe Y und y.

Teddy

Y   y

Üben 69 Fahre Y und y nach.

 Pony    Baby    Yoga

 Yak    Teddy    Yucca

Die Buchstaben U/u, V/v, W/w, X/x, Y/y, Z/z
Y/y üben

Lösung ⑥⑧ Bei allen richtig nachgefahrenen **Y** gibt es 1 Punkt. Bei allen richtig nachgefahrenen **y** gibt es ebenfalls 1 Punkt.

Lösung ⑥⑨ Bei allen richtig nachgefahrenen Buchstaben **Y** oder **y** in einem Wort gibt es 1 Punkt.

Pony   Baby   Yoga

Yak   Teddy   Yucca

 Üben ⑥⑧ ____ **Punkte**   **Üben** ⑥⑨ ____ **Punkte**

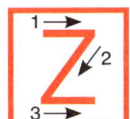  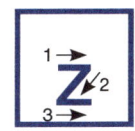

Üben 70  Fahre Z und z nach und schreibe Z und z.

Z z Z Z z z Z Z z Z Z z z Z z Z

Z   z

Üben 71 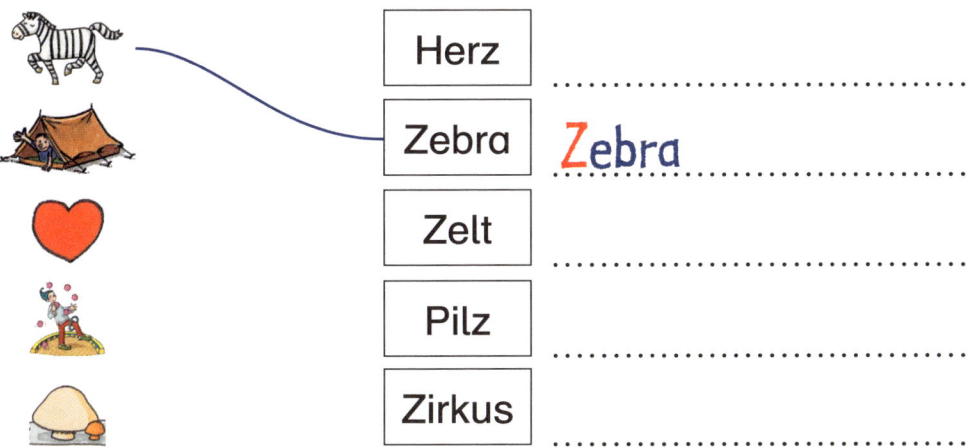 Verbinde Bild und Wort. Schreibe.

Herz	....
Zebra	Zebra ....
Zelt	....
Pilz	....
Zirkus	....

Lösung 70 Bei allen richtig nachgefahrenen Z gibt es
1 Punkt. Bei allen richtig nachgefahrenen z gibt es
ebenfalls 1 Punkt.

ZzZZzzZZzZZzzZzZ

Lösung 71 Für jedes richtige Wort gibt es 1 Punkt.

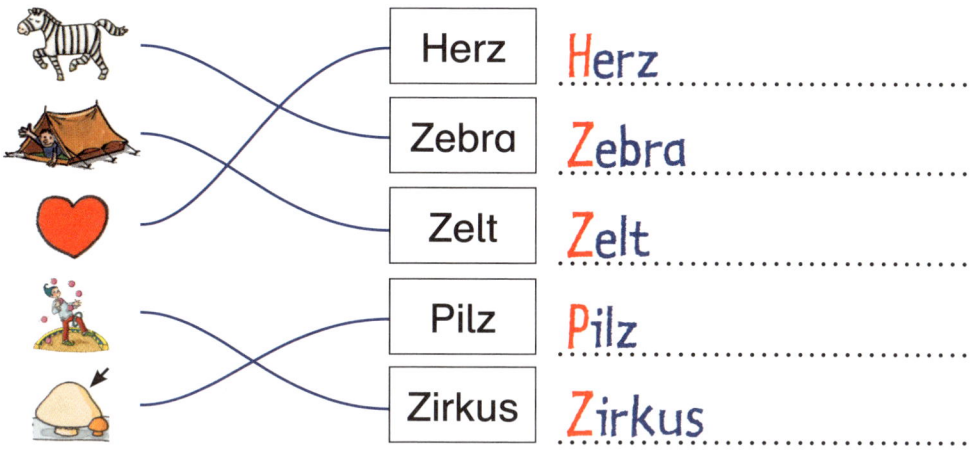

Herz	Herz
Zebra	Zebra
Zelt	Zelt
Pilz	Pilz
Zirkus	Zirkus

Üben 72 Wo hörst du X/x oder Z/z?

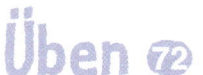

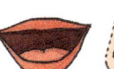

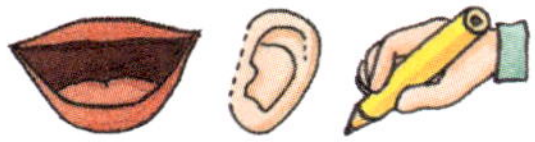

Am Anfang, in der Mitte oder am Ende?

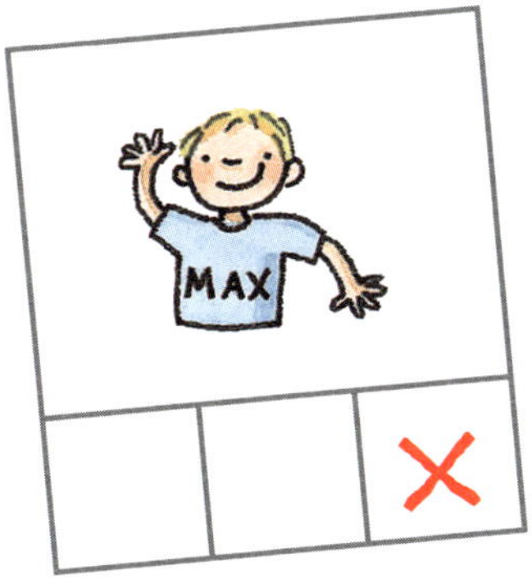

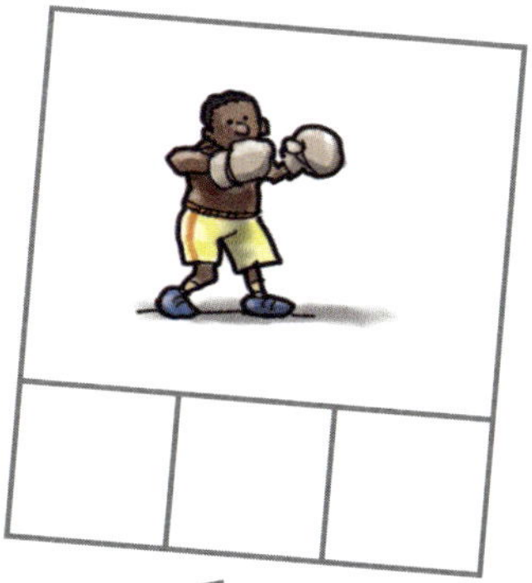

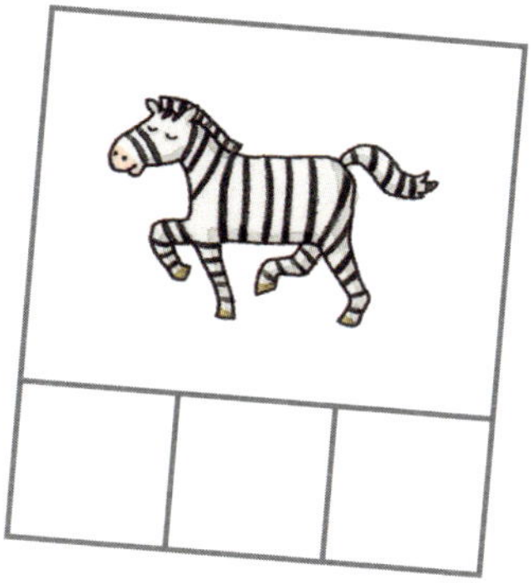

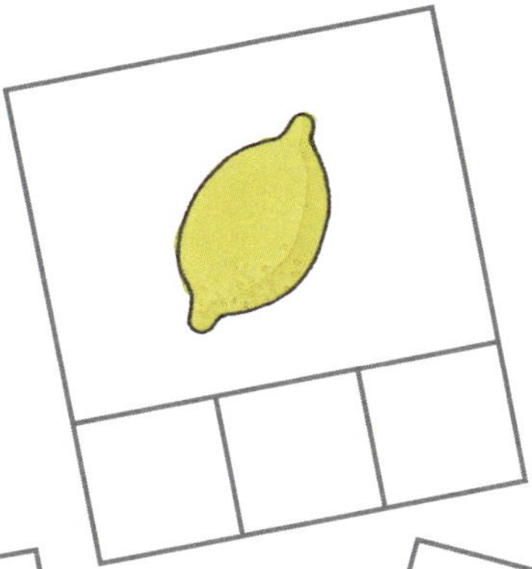

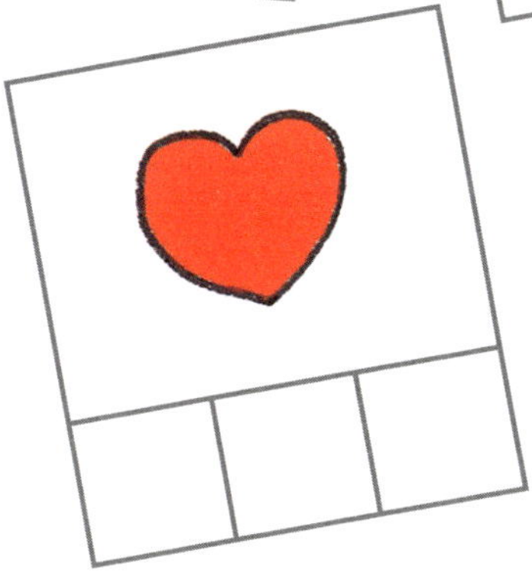

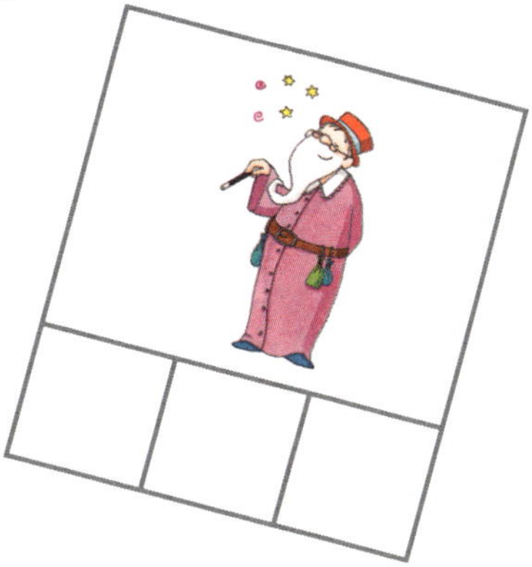

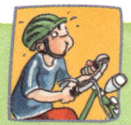

Lösung ⑫ Für jeden richtig angekreuzten Laut gibt es
1 Punkt.

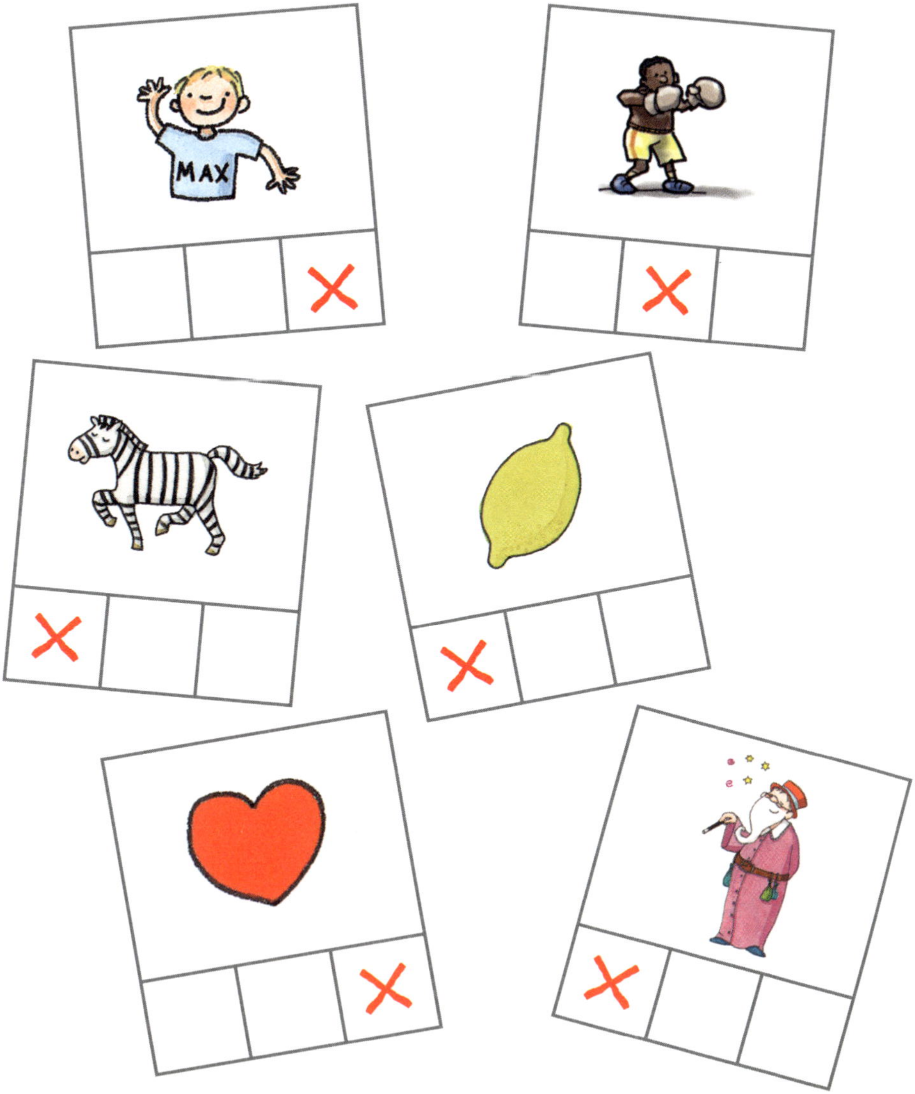

Üben  Welche großen und kleinen Buchstaben gehören zusammen? Verbinde.

 U

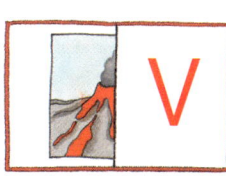 V

 X

z

y

u

v

 W

 Z

x

w

 Y

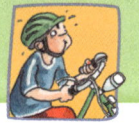

Große und kleine Buchstaben

Lösung 73 Für jede richtige Verbindung gibt es 1 Punkt.

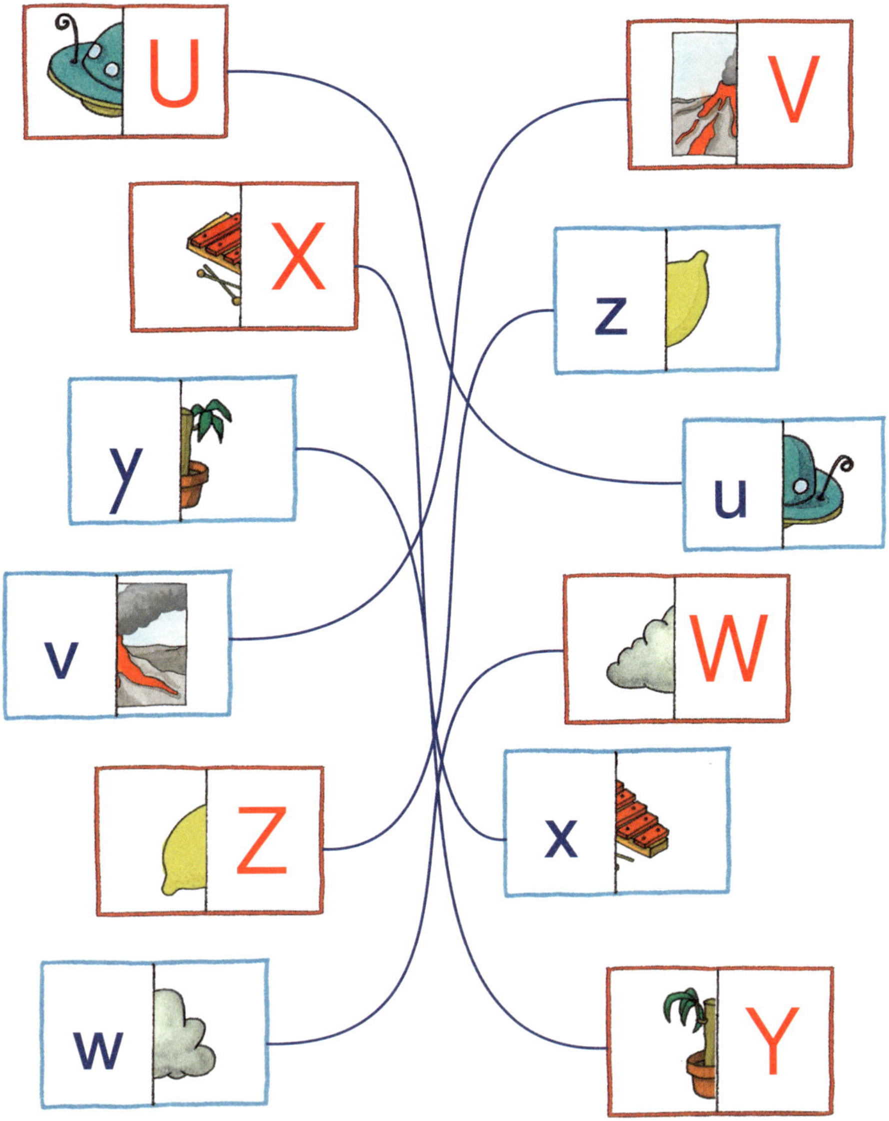
U
V
X
z
y
u
v
W
Z
x
w
Y

Üben 73 ☐ **Punkte**

Üben 74 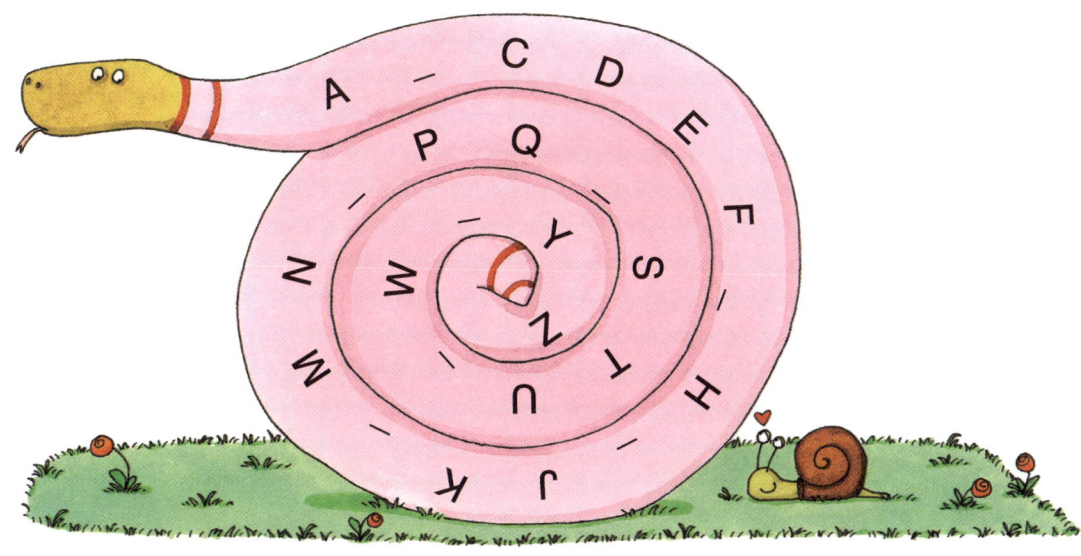 Welche Buchstaben fehlen?
Ergänze das Alphabet.

Üben 75 Wie heißen die Nachbar-
buchstaben? Schreibe.

Von A bis Z
Das Alphabet üben

Lösung 74 Bei allen richtig ausgefüllten Lücken gibt es 1 Punkt.

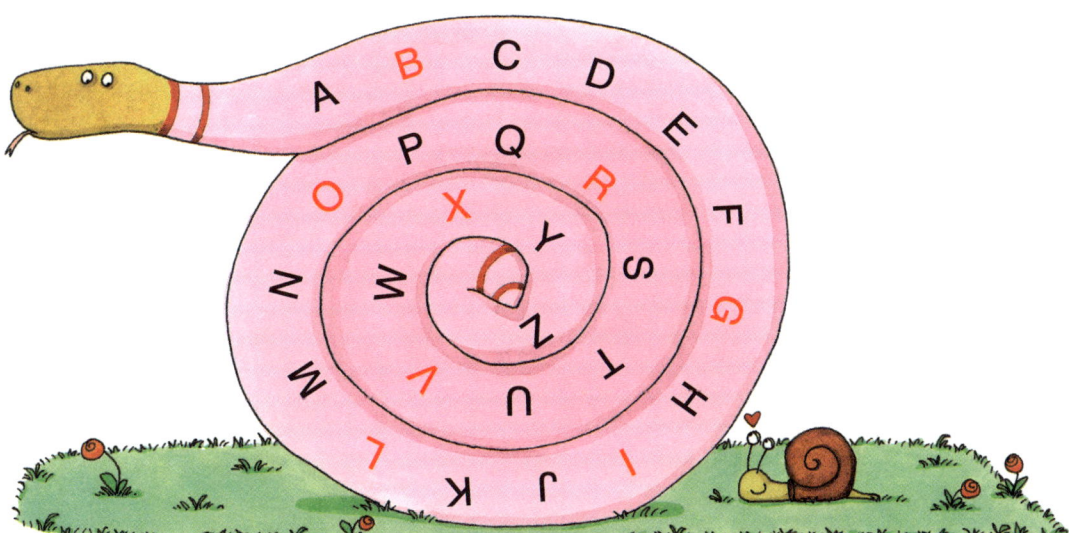

Lösung 75 Für jeden richtig ergänzten Nachbarn gibt es 1 Punkt.

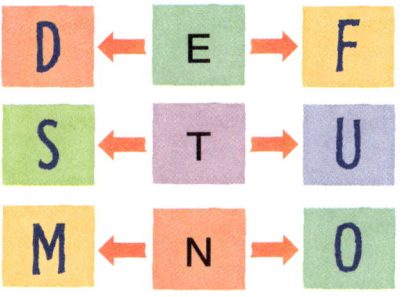

Üben 76  Fahre nach: Wörter mit Ä/ä, Wörter mit Ö/ö und Wörter mit Ü/ü.

Äpfel

Flöte

König

Gemüse

Löwe

Käse

Tüte

Öl

Umlaute und Buchstabenverbindungen
Die Buchstaben Ä/ä, Ö/ö, Ü/ü

Die Buchstaben Ä/ä, Ö/ö, Ü/ü

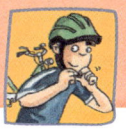

Lösung 76 Für jedes richtig nachgefahrene Wort gibt es 1 Punkt.

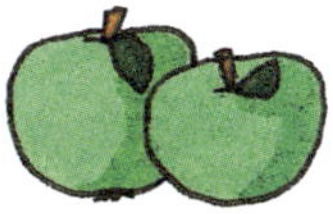

Äpfel

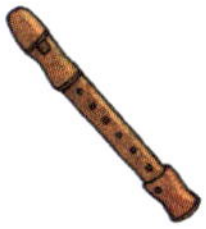

Flöte

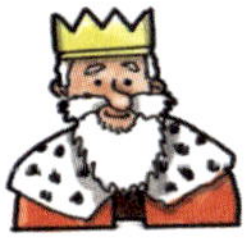

König

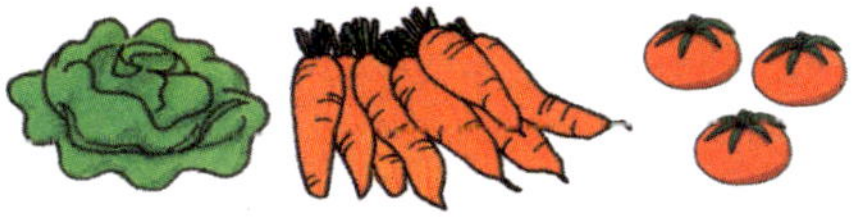

Gemüse

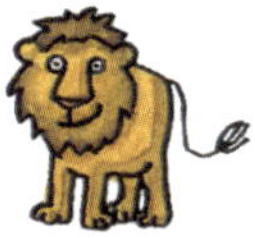

Löwe

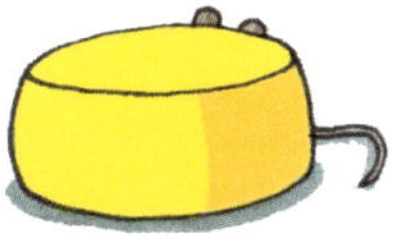

Käse

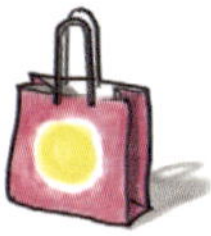

Tüte

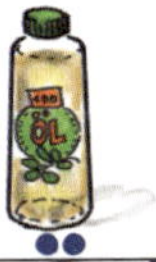

Öl

Üben 77 👁️ 👂 ✍️ Welche Buchstaben fehlen:

Au, Ei oder Eu? Ergänze.

__to

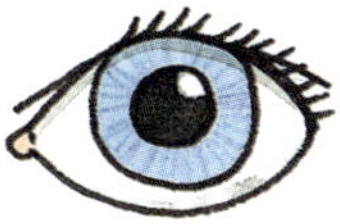

ge__

__ter

__le

__chhörnchen

__mer

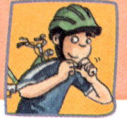

Au, Ei und Eu üben

Lösung 77 Bei allen richtig ergänzten Buchstabenverbindungen gibt es 2 Punkte. Bei einem Fehler gibt es noch 1 Punkt.

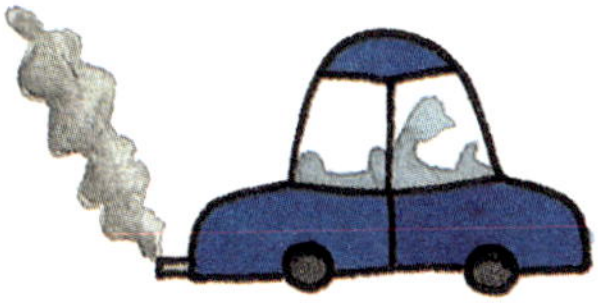

Auto

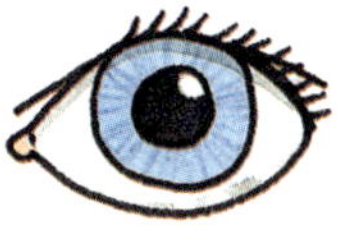

Auge

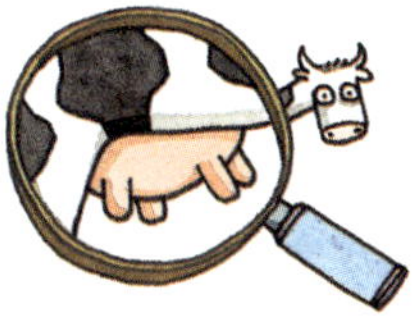

Euter

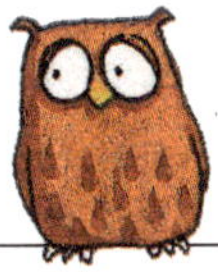

Eule

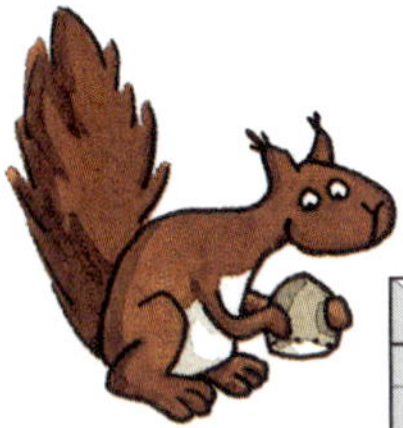

Eichhörnchen

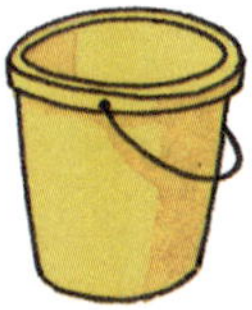

Eimer

Üben 77 ____ Punkte

Üben  Schreibe die Wörter ab.

Dusche

Schere

Schal

Fisch

Tisch

Schaf

Lösung ⑦⑧ Für jedes richtig abgeschriebene Wort gibt es 1 Punkt.

Dusche

Schere

Schal

Fisch

Tisch

Schaf	Schal
Schere	Tisch
Dusche	Fisch

 **Üben** 79 Schreibe abwechselnd **Sp sp** und **St st**.

Sp sp

St st

 **Üben** 80 Finde die Reimwörter und verbinde sie.

Spatz   Kern   Stein

Lift   Stift

Bein   Schatz   Stern

Lösung ⑦⑨ Für beide Linien gibt es 1 Punkt.

Lösung ⑧⓪ Für alle richtigen Verbindungen gibt es 2 Punkte.

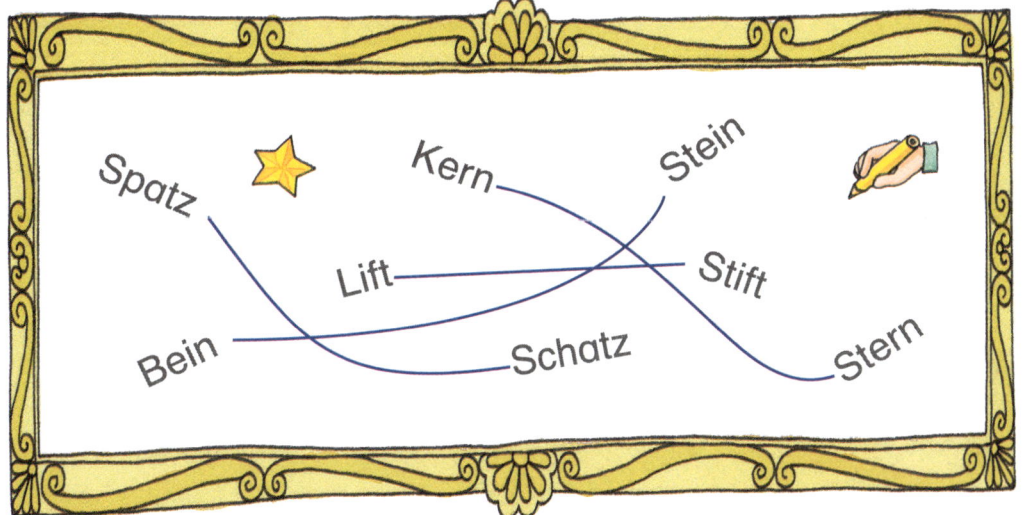

Üben 81 Ordne zu und schreibe auf.

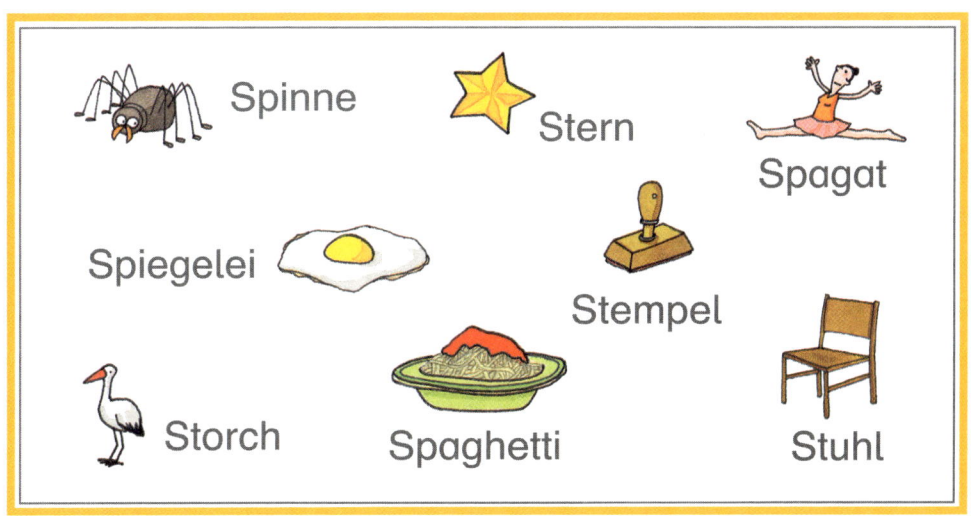

Spinne Stern Spagat Spiegelei Stempel Storch Spaghetti Stuhl

Sp ___ St ___

Sp ___ St ___

Sp ___ St ___

Sp ___ St ___

Lösung ⑧ Für jedes richtig geschriebene Wort gibt es
1 Punkt.

Spinne

Stern

Spagat

Spiegelei

Stempel

Storch   Spaghetti   Stuhl

Spinne

Stuhl

Spiegelei

Stempel

Spaghetti

Stern

Spagat

Storch

Trage hier ein, wie viele Punkte du bei den Übungen erreicht hast und ob die Aufgaben für dich leicht 😊 oder schwer 🙁 waren. Lass dir beim Ausrechnen der Gesamtpunktzahl helfen.

Die Buchstaben A/a, B/b, C/c	Punktzahl	Erreichbare Punktzahl	😊	🙁
Üben 1		1		
Üben 2		2		
Üben 3		4		
Üben 4		1		
Üben 5		2		
Üben 6		1		
Üben 7		3		
Üben 8		7		
Üben 9		2		
Gesamtpunktzahl		23		

Die Buchstaben D/d, E/e, F/f, G/g, H/h, I/i	Punktzahl	Erreichbare Punktzahl	😊	🙁
Üben 10		1		
Üben 11		1		
Üben 12		2		
Üben 13		3		
Üben 14		6		
Üben 15		3		
Üben 16		2		

Trainingsergebnisse

Übung		Erreichbare Punktzahl		
Üben 17		4		
Üben 18		2		
Üben 19		1		
Üben 20		1		
Üben 21		2		
Üben 22		2		
Üben 23		3		
Üben 24		2		
Üben 25		2		
Üben 26		8		
Gesamtpunktzahl		45		

Die Buchstaben J/j, K/k, L/l, M/m, N/n	Punktzahl	Erreichbare Punktzahl	😊	🙁
Üben 27		1		
Üben 28		2		
Üben 29		2		
Üben 30		8		
Üben 31		5		
Üben 32		3		
Üben 33		5		
Üben 34		2		
Üben 35		1		
Üben 36		5		
Üben 37		2		
Üben 38		3		
Üben 39		4		

			☺	☹
Üben 40		4		
Üben 41		5		
Gesamtpunktzahl		52		

Die Buchstaben O/o, P/p, Qu/qu, R/r, S/s, T/t	Punktzahl	Erreichbare Punktzahl	☺	☹
Üben 42		2		
Üben 43		9		
Üben 44		6		
Üben 45		4		
Üben 46		2		
Üben 47		3		
Üben 48		2		
Üben 49		4		
Üben 50		6		
Üben 51		1		
Üben 52		2		
Üben 53		2		
Üben 54		2		
Üben 55		8		
Üben 56		5		
Üben 57		6		
Gesamtpunktzahl		64		

Trainingsergebnisse

Trainingsergebnisse

Die Buchstaben U/u, V/v, W/w, X/x, Y/y, Z/z	Punktzahl	Erreichbare Punktzahl	😊	🙁
Üben 58		2		
Üben 59		5		
Üben 60		2		
Üben 61		2		
Üben 62		4		
Üben 63		2		
Üben 64		2		
Üben 65		3		
Üben 66		2		
Üben 67		3		
Üben 68		2		
Üben 69		4		
Üben 70		2		
Üben 71		4		
Üben 72		5		
Üben 73		6		
Üben 74		1		
Üben 75		5		
Gesamtpunktzahl		56		

Umlaute und Buchstabenverbindungen	Punktzahl	Erreichbare Punktzahl	🙂	🙁
Üben 76		7		
Üben 77		2		
Üben 78		5		
Üben 79		1		
Üben 80		2		
Üben 81		8		
Gesamtpunktzahl		25		

Endergebnis: .... von 265 erreichbaren Punkten.

Trainingsergebnisse

bis 155 Punkte: Prima, dass du alle Aufgaben bearbeitet hast! Du warst richtig fleißig. Du solltest jedoch noch weiter üben, um sicherer im Schreiben von Buchstaben zu werden. Das Buch „Wissen – Üben – Testen: Deutsch · Mathematik 1. Klasse" kann dir helfen: Dort findest du viele Übungen.

156 bis 230 Punkte: Du hast vieles richtig gemacht und toll durchgehalten! Wenn du weiter regelmäßig trainierst, kannst du zu einem richtigen Profi im Buchstabenschreiben werden! Dazu solltest du dir die Aufgaben nochmals genau ansehen, bei denen du in den Trainingsergebnissen dieses Zeichen angekreuzt hast: 🙁.

231 bis 265 Punkte: Herzlichen Glückwunsch! Du bist fit im Schreiben von Buchstaben! Nun ist es wichtig, dass du durch regelmäßiges Training deine gute Form hältst: Suche dir für die Freiarbeit in der Schule oder zum Üben zu Hause immer wieder Aufgaben zum Buchstabenschreiben aus.

Knack den Code!

Jede Zahl von 1 bis 26 steht für einen Buchstaben des Alphabets. Fülle zuerst mithilfe der Anlauttabelle die Tabelle unten aus und knacke dann den Code auf der Rückseite!

1 2 3 4 5 6 7 8 9 10 11 12 13 14 15 16 17 18 19 20 21 22 23 24 25 26

1	2	3	4	5	6	7	8	9	10	11	12	13

14	15	16	17	18	19	20	21	22	23	24	25	26

Knack den Code!

Knack den Code!

5	10	23	19	12	10	23	19

3	9	4	23	7	8	17	17	13

2	10

6	15	4	13

9	15	11

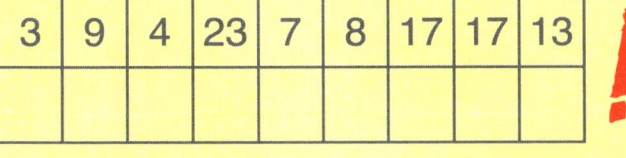

3	9	11	15	8	20	9	5

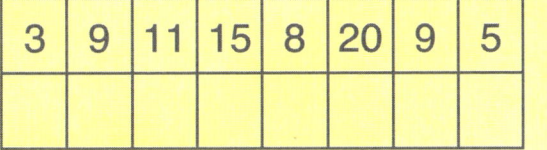

23	16	2	9	19	11	8	23	19	9	5

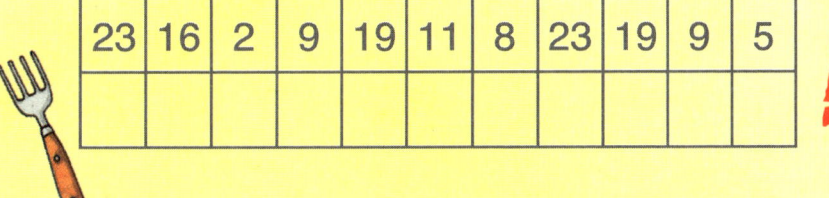